Sé un inmigrante feliz

Sé un inmigrante feliz

DISFRUTA DE TU NUEVA TIERRA:
SOLUCIONES DE VIDA PARA EL
PROBLEMA MIGRATORIO

Dr. Héctor Teme

GRUPO NELSON
Una división de Thomas Nelson Publishers
Desde 1798

NASHVILLE   MÉXICO DF.   RÍO DE JANEIRO

Publicado en Nashville, Tennessee, Estados Unidos de América. Grupo Nelson, Inc. es una subsidiaria que pertenece completamente a Thomas Nelson, Inc. Grupo Nelson es una marca registrada de Thomas Nelson, Inc. www.gruponelson.com

Editora en Jefe: *Graciela Lelli*

Diseño: *Grupo Nivel Uno, Inc.*

ISBN: 978-0-71803-574-7

Impreso en Estados Unidos de América

15 16 17 18 19 RRD 6 5 4 3 2 1

A mi nieto Agustín, fruto del amor en una nueva tierra, confiando en que serás una posibilidad para tu nación.

CONTENIDO

AGRADECIMIENTOS

Quisiera agradecerle a Laura Teme, mi amada esposa, que siempre me ha apoyado y sostenido, porque vivimos este libro juntos, soñándolo, pensándolo, conversando, pasando una gran cantidad de veladas imaginando un mundo de inmigrantes que puedan ser felices en su nueva tierra.

También quiero agradecerle por su excepcional trabajo de investigación y apoyo para este libro, por su extraordinaria capacidad para hallar información vital y coordinar la cantidad de datos con el fin de hacer que este proyecto resultara exitoso.

A Javier y Yasmín Yunes, a Yael Teme y Abigaíl Teme, mis hijos, un excelente ejemplo de inmigrantes felices, colonos de una nueva tierra, que vinieron a entregarlo todo y ser posibilidad, que viven cada día mirando hacia adelante y buscando dar lo mejor de ellos. Son mi orgullo más grande y los admiro profundamente.

Al equipo de METODOCC, Javier Castillo, Gudelia González, a los Centros de Entrenamiento MCC y a cada uno de los representantes en diferentes países, por el apoyo constante y su trabajo sin descanso durante todos los meses que tuve que estar dedicado de manera completa a la terminación del manuscrito.

A Larry Downs, vicepresidente senior y editor de Harper-Collins Christian Publishing, que siempre ha estado comprometido con ayudar a todo inmigrante a dar lo mejor de sí. Que me acompañó desde los comienzos de este proceso de años, estando presente cuando hablábamos sobre el tema en conferencias y conversaciones de café, con sus consejos y en los diferentes momentos del libro; gracias por su liderazgo y observaciones.

A Graciela Lelli, directora editorial y editora en jefe de HarperCollins Christian Publishing, por su apreciable apoyo, consejo y profesionalidad en el trabajo de cada manuscrito. Es una honra trabajar con ella.

A Lucas Leys, vicepresidente y editor de HarperCollins Christian Publishing, por su empuje constante para ayudar a las personas a ser diferentes, y disfrutar de serlo. Por el apoyo que nos ha dado en todo momento.

A Yolanda Chavarría, mánager editorial, por su presencia constante. Porque acompañó el proceso del libro con una actitud especial, alentando, apoyando, siendo una excelente guía.

Gracias también a Carlos Hernández, Lluvia Soto, Alfonso Guevara, Herbert Becerra, Roberto Rivas, Elías Yepes, a todo el maravilloso equipo de ventas de HarperCollins Christian Publishing, por haber conseguido un amplio público para mis libros en todo el mundo.

A Juan José Bugni, muy importante en el desarrollo de este libro, por todo el apoyo que nos brindó durante estos años en relación con nuestro deseo y compromiso de ser inmigrantes y ayudar al inmigrante.

Al doctor José Santiago y a su esposa, porque abrieron sus vidas y su corazón cuando nos convertimos en inmigrantes, y nos ayudaron a que los primeros tiempos de drásticos cambios fueran menos dolorosos.

A toda la familia Urgelles: Melquiades Urgelles, su esposa, sus hijos Wilmer, Melquis e Isita, por su amor derramado sobre nuestras vidas, por darnos la posibilidad de asentarnos y seguir creciendo.

A Eliu Chacón, que como líder de multitudes apoyó el proyecto desde el principio y nos ayudó a entender más acerca de Boston como cuna de inmigrantes felices.

A Yader y Noemi Simpson, por abrir las puertas de su organización y permitirnos ver cómo los principios que proclamábamos calaban tan profundo en los inmigrantes y los ayudaban a elevarse a un nuevo nivel en sus vidas.

A Gustavo Barrero, director ejecutivo de Lidervision. Incansable luchador, con quien hemos compartido muchas horas y viajes en nuestro deseo de ayudar al inmigrante a crecer y ser cada día más digno. Que vive comprometido a generar nuevos contextos a través de Lidervision, con el fin de que los líderes puedan darle mucho más a su gente para un nuevo tiempo. Gracias por la plataforma que me brindan a fin de ser cada día una mayor posibilidad para el mundo hispanohablante.

A Ricardo y Diana Jalube, por su apoyo constante, su servicio incondicional y su ayuda a tantos inmigrantes. Por darles rumbo y amor. Por ser un ejemplo de inmigrantes felices en una nueva tierra.

A Ray Cruz, con quien en Univisión Radio comenzamos a hablarles a miles de personas sobre la importancia de ser un inmigrante feliz. Gracias por las horas y horas de radio para llevar estos principios a millones de personas. Por su compromiso de transformar a la nación en una nación íntegra.

A Carlos y Judith Barbieri, con quienes conversamos muchas horas sobre lo que es ser un inmigrante feliz y con quienes compartimos una amistad que cada día mira hacia delante; nos honra que nuestros hijos la mantengan y desarrollen en un idioma diferente al que nosotros la comenzamos.

A Gabriel y Janette Salguero, por enseñarnos con su ejemplo que se puede crecer y ser parte de la transformación del mundo donde los inmigrantes se desarrollan.

A la ciudad de Miami Dade, a su alcalde, Carlos Giménez; a la presidenta de la comisión, Rebeca Sosa, y a la Junta de Comisionados de la ciudad, así como a la ciudad de Miami y a su alcalde, Tomás Regalado. Mientras escribía este libro tuvieron la deferencia de distinguirme con una proclama especial como «Ciudadano Honorífico de Miami y del Condado de Miami Dade» (las proclamas aparecen al final de este volumen). Acto que me honra y me llena de responsabilidad. Me ayudaron a pensar más y más que se puede llegar a una ciudad como inmigrante y, aplicando cada principio que desarrollo en este libro, ver cómo estos inmigrantes le sirven y ayudan cuando hay buena tierra. ¡Y Miami sí que lo es!

NOTA DEL AUTOR

Con cambiar nuestras acciones manteniendo la misma manera de ser con la que no lo lograste no alcanza...

Es tiempo de un cambio de miradas...

Muchos llevan años en el mismo lugar que cuando llegaron.

El mismo lugar físico, el mismo lugar mental, el mismo lugar de pobreza.

Muchos solo hicieron un cambio de tierra, pero todo lo demás lo dejaron en su vieja vida, y cada día trabajan y viven vacíos en un nuevo sitio... su corazón está palpitando desde el pasado o la lejanía...

Muchos no entienden dónde se encuentran, y la incertidumbre y preocupación por la falta de seguridad arruinan sus vidas, su salud, sus familias.

¡Se puede ser un inmigrante feliz!

Y dejar esos lugares de incertidumbre, desazón y angustia en los que vives cada día.

Se puede ser un inmigrante feliz y, además de progresar económicamente, hacerlo también en las relaciones, la influencia, la vida cotidiana.

Nos hemos preguntado: ¿qué pasaría si los inmigrantes fueran felices y prósperos desde el día en que llegaran? ¿Los haría mejores? ¿Lograrían resultados que hasta ahora no lograron?

Acompáñanos a averiguarlo...

INTRODUCCIÓN

Nadie puede llegar al lugar al cual no eligió ir.

Es verdad que puedes perderte en el camino y llegar a algún destino sin que haya sido tu intención. Pero cuando se trata de subir al siguiente nivel en tu vida, de alcanzar tus sueños (aquellos que ni siquiera te atreves a decir en voz alta porque ya te diste por vencido antes de intentarlo), o simplemente cuando deseas ir de lo bueno a lo mejor, debes elegir hacia dónde quieres ir, es decir tu punto de llegada.

Muchos emprenden su camino hacia el futuro solo con una maleta de mano llena de incertidumbres del pasado.

Llegan sin saber qué hacer, esperando que algo o alguien les resuelva lo que hasta ahora no lograron.

Es verdad que muchos nacen en medio de dificultades, pero eso no significa que deban permanecer en ellas.

Todo lo que suceda fuera de ti será porque primero sucedió dentro de ti. Y creo con todo mi corazón que tú puedes ser un inmigrante feliz.

Ser un inmigrante feliz significa ir en busca de nuevos mares comprometido con dejar de mirar la costa. Un inmigrante feliz es aquel que elige llegar a una nueva tierra que lo cobijará y le brindará el espacio para desarrollarse.

Una vez más te digo, nadie puede llegar al lugar al cual no eligió ir...

Pero peor aún es ir hacia nuevos lugares con viejas miradas, viejas formas, viejos modelos.

Muchas personas viven hoy con sus pies en una nueva tierra, pero con su corazón lejos de allí. Muchos le entregan lo mejor que tienen, sus hijos, su tiempo, su esfuerzo, pero no le entregan su corazón, su amor, su diseño del futuro.

Tenemos en nuestras manos la gran oportunidad de construir un futuro maravilloso para nuestras familias, y la clave no está en de dónde vienes, sino a dónde eliges llegar.

Hoy es el primer día del resto de nuestras vidas. Hoy puedes elegir ser un inmigrante feliz que se apasiona por un futuro prometedor.

No porque el mundo vaya a cambiar. Sino porque nuestro mundo puede cambiar.

Aquel día en Boston

Recuerdo que estaba en Boston, cuna del inmigrante, y en medio de una conferencia con aproximadamente mil líderes hice un llamado un poco diferente para muchos de ellos.

Estaban acostumbrados a escuchar a conferencistas que los motivaran a dejar su pasado atrás, o a predicadores que los invitaran a entregar sus vidas a Cristo.

Ese día el tema de la conferencia era «cómo ser un inmigrante feliz». Cómo poder llegar a influenciar en nuestro futuro y no solo ser un espejo de nuestro pasado.

Me miraban atentamente... cientos de ellos con años en una nación que los había cobijado, pero que todavía no consideraban como propia.

Les dije: «Los invito en este día a que se paren y pasen aquí delante, y se comprometan ante Dios y ante sus hermanos a... enviar a sus hijos a la universidad».

Hubo un silencio en toda la audiencia...

Continué con mi desafío, pero esta vez refrescándole la memoria a la audiencia sobre los requisitos para asistir a una universidad en Estados Unidos. Especialmente los requisitos económicos.

Continué: «Enviar a un hijo a la universidad implica invertir cincuenta mil dólares. Así que si tienes dos hijos —insistí— son cien mil, y tres hijos son ciento cincuenta mil dólares. ¿Cuántos hijos tienes tú?», le pregunté a un señor que me miraba atentamente.

«Cinco», me contestó.

Entonces, dije fuerte en medio de la concurrida sala: «¡Para poder enviar a la universidad a tus cinco hijos debes contar con doscientos cincuenta mil dólares!».

Y le pregunté: «¿Tienes los doscientos cincuenta mil?».

Su respuesta fue un rotundo *no*.

«¿Y tienes manera de conseguirlo?». Una vez más la respuesta fue *no*.

«De eso estoy hablando», comenté. Y lo mismo que les dije a la audiencia en Boston te lo digo a ti.

Ser un inmigrante feliz no tiene que ver con lo que ya conocemos o lo que tenemos, sino con lo que nos falta, y con lo que nos comprometemos a alcanzar. Con comenzar a diseñar el futuro que traerá frutos a nuestras familias y nuestra comunidad.

> **El tiempo de hoy no es de los que saben más, sino de los que «ven» más.**

No es un llamado a los que saben cómo, sino a los que no lo saben.

El tiempo de hoy no es de los que saben más, sino de los que «ven» más.

Algunos llevan más de diez años «guardados» en la oscuridad del anonimato sabiendo con detalle lo que les pasa y sabiendo lo que no pueden cambiar.

Hoy les hablo a los que quieren cambiar, a los que se comprometen con el cambio, a los que quieren sacar el pie del bote.

Déjame seguir contándote la historia de aquel día en Boston...

Les traje a la memoria el relato bíblico de Pedro, cuando el Señor Jesús le dijo: «Ven».

El agua no cambió su estado y las nubes de la tempestad todavía se avizoraban cerca del horizonte. «Ven» no cambiaba las circunstancias, cambiaba los corazones. Pero solamente si Pedro elegía ir por ese cambio.

El corazón de Pedro podría cambiar si él elegía hacerle caso a ese llamado. Y eso precisamente hizo. Fue y caminó sobre el agua. Y se comprometió a algo que hasta ese momento no sucedía. Y sucedió.

«¿Quién está dispuesto? Aunque no tenga el dinero, aunque tenga mil conversaciones, aunque no tenga papeles, ni seguridad, ni siquiera casa. ¿Quién se compromete a enviar a sus hijos a la universidad?».

Se empezaron a levantar uno a uno...

Vi cómo decenas de hombres y mujeres hacían un nuevo pacto con Dios, que no hablaba solo del pasado, sino que era completamente un diseño del futuro.

No significaba que salían de allí y esto ya sucedería. Significaba que estaban dispuestos a mirar la vida desde otro lugar, desde la posibilidad, desde la acción poderosa, desde otro nivel de entendimiento.

No sabían cómo hacerlo, pero elegían comprometerse con ir hacia un resultado extraordinario que hasta ahora no habían logrado.

Y también pude ver que estábamos ante un grupo de los millones de personas que necesitaban preguntarse: ¿y ahora qué?

Ser un inmigrante feliz es un espacio de compromiso.

No es solo la descripción de una emoción, sino la declaración de un compromiso que elijo sostener.

Este libro te ayudará a desarrollar un compromiso pujante contigo mismo y con tu futuro.

Lo que sucederá en tu vida no es consecuencia de cambios fuera de ti, sino de lo que sucede en tu interior, en tu manera de presentarte ante el mundo, en tu desarrollo personal.

La entrega es la clave

Ser un inmigrante feliz es venir desde la entrega.

Muchos han nacido en espacios que les hicieron creer que amor era intercambio, o peor aún, que amor era solo recibir.

Y cuando llegaron a la tierra con la que habían soñado comenzaron a intercambiar, y solo esperaron recibir.

No se puede vivir la felicidad de un nuevo tiempo si no te afirmas en la entrega.

Entrega es ponerse en los pies del otro, caminar en los zapatos del otro, mirar por los ojos del otro.

La Biblia nos presenta a Dios como el gran ejemplo de entrega. Dice: «Porque de tal manera amó Dios al mundo, que ha dado a su Hijo».[1]

No dice que lo intercambió. Lo dio. Lo entregó.

Fue con un corazón de manos abiertas.

Algunos no desean vivir en la entrega por miedo a ser engañados.

Siempre puede suceder eso.

Pero la entrega no debe ser la consecuencia de lo que sucede, sino una actitud de vida.

El hombre con una actitud de ayuda

Recuerdo estar en ese avión.

Era el tercero que tomaba aquel día.

Estaba agotado y un poco sensible. Cientos de personas corrían apresuradas pensando en cómo optimizar su tiempo, llegar a la puerta correcta, subir rápido al avión, no olvidar sus pertenencias, poder descansar pronto, ocuparse de sus hijos, llegar al destino.

Mientras esperaba en la puerta de embarque, una mujer se acercó al mostrador.

No había nadie de la aerolínea que atendiera.

> **Ser un inmigrante feliz es un espacio de compromiso.**

Sí estaba la tripulación completa lista para abordar el avión, también esperando pacientemente que les abrieran la puerta.

La mujer seguía esperando en el mostrador sin la más mínima respuesta.

Pero uno de los comisarios de abordo se acercó y le preguntó qué necesitaba, lo hizo con una sonrisa, con una actitud especial hacia la vida.

La mujer se fue sonriente. Rápidamente apareció otro hombre preguntando. Y fue recibido de la misma forma.

Por la misma persona.

Que no tenía esa responsabilidad, sino la actitud correcta.

Yo también me acerqué. Me intrigó su manera de relacionarse. Supe que era alguien que había nacido en otra nación y que con mucho esfuerzo había llegado a esa posición en la aerolínea. Era un inmigrante feliz.

Al subir al avión me di cuenta de que era uno de los que nos atenderían.

Y lo vi moverse del mismo modo. Con una sonrisa, con una actitud especial. Poco a poco todo el mundo alrededor se había contagiado de su optimismo, de su lenguaje, de su manera de mirar la vida.

Poco a poco fui viendo que la manera de ser del comisario de abordo era imitada por sus compañeros de trabajo.

En estos años de viajante he visto a miles de servidores de la aviación, pero que varios a la vez en el mismo avión hayan cambiado el clima que había allí por uno de cordialidad era una excepción.

Ellos transformaban su medio ambiente con su actitud.

La entrega de este hombre había cambiado un contexto. Sin importar si estabas cansado o si estabas de mal humor. Lo hizo.

Un inmigrante feliz genera a su alrededor una manera de ser especial que influye en los que le rodean.

No es quien solo va por la vida con la cabeza gacha porque el pasado lo golpeó tanto que desconfía del futuro, sino aquel que aprende de todo lo que le pasó y toma el futuro como una experiencia maravillosa para aplicar todo lo aprendido ayer.

Y por sobre todo lo ve como una nueva oportunidad.

Tu actitud determina tu altitud. No las circunstancias o las situaciones, sino tu manera de relacionarte con ellas. Si hoy eliges ser un inmigrante feliz a pesar de todo —¡y eso significa todo!— posiblemente verás contextos a tu alrededor que cambiarán. La felicidad no es una emoción pasajera, sino un compromiso, una actitud, una manera de ser.

> **Tu actitud determina tu altitud.**

Permíteme ayudarte a que *Sé un inmigrante feliz* viva cada día en tu interior.

Acerca de *Sé un inmigrante feliz*

Este libro no es un evento, sino un proceso que página a página, concepto a concepto, puede ayudar a millones de inmigrantes hispanos en el lugar del mundo donde estén a ser inmigrantes felices.

Al profundizar en su lectura entenderás cómo lograr ver lo que hasta ahora no viste para ir al siguiente nivel, para ser el que elegiste ser, para incorporar herramientas a un nuevo tiempo, así como prácticas y ejemplos de cómo lograrlo, ya sea que estés recién llegado o lleves muchos años como inmigrante.

Encontrarás también principios y distinciones, casos de éxito, un proceso de entrenamiento personal en el supuesto de que elijas ir por más y la posibilidad, al finalizar victorioso, de obtener un certificado de participación exitosa.

Entrenémonos para triunfar

1. Elige tres personas con las que te comprometas a demostrar «entrega» sin importar si lo merecen o no. Haz acciones con estas personas que pongan en práctica tu compromiso.

2. Comparte tu historia y lee otros comentarios de otros que como tú eligieron ser inmigrantes felices.

3. Escribe en el foro todo lo que aprendiste de estos casos y que desearías implementar en tu vida cotidiana luego de este aprendizaje. Solo tienes que ingresar a www.seuninmigrantefeliz.org/foros.

Capítulo 1

LLEGARON

C on cambiar nuestras acciones manteniendo la misma manera de ser con la que no lo lograste no alcanza...

Es tiempo de un cambio de miradas...

Llegaban de una tierra donde los perseguían.

Recordaban con tristeza las privaciones a que los sometían los poderosos. Que eran perseguidos y arrestados por no compartir principios y formas de vida. La persecución se había hecho insostenible.

Cada noche al caer el sol ingresaban a sus casas para arrestarlos y quitarles, por medio de injustas multas, el poco dinero que tenían.

Había que construir un futuro mejor...

¿A dónde iremos?

Es muy difícil hacerse esta pregunta cuando deseas sostener tus principios en medio de la adversidad, cuando ves a tus hijos sufrir debido a las condiciones generadas por mantenerte firme en tus valores y en el deseo de ver un mundo mejor. Se juntaban cada noche, repasaban cada opción y salían desalentados. El lugar en dónde vivir fue la conversación que tuvieron por meses, sabiendo que cualquier territorio que eligiesen sería un viaje a lo desconocido.

No hay peor día que aquel que termina en medio de la insatisfacción. Y ellos deambulaban entre sus sueños y sus pesadillas.

Deseaban darles a sus hijos un espacio de libertad y crecimiento, y lo único que podían darles era sufrimiento, necesidades insatisfechas y mucha incertidumbre.

Habían visto a muchos tomar ese camino. Bajar la cabeza, agachar el alma y dejarse llevar por cada segundo que pasaba y que se hacía eterno cuando solo soportaban el paso del tiempo mientras eran esclavos de todo lo que sucedía y ellos decidían no hacer nada.

Muchos tomaban a diario el camino de la excusa y de dejar que las cosas pasaran. Muchos habían caído bajo el poder de la presión, o de la falta de alimentos o libertad, sin siquiera pestañear. Muchos dejaron a sus descendientes en manos de un destino que los arrollaba y que hacía de ellos una masa hambrienta, sufriente, sin nada que mirar más que su deseo de sobrevivir.

Debían tomar una decisión. ¿Se dejarían llevar por todo lo que sucedía justificándose al decir que ellos nada podían hacer para alcanzar un mundo mejor, o actuarían?

Cada vez que conversaban en grupo sobre estas cosas les venía a la mente la gran cantidad de riesgos que correrían, lo doloroso y sacrificado que podía ser si decidían dar el paso, y la gran incertidumbre.

Dejar a sus familiares. Dejar la tierra donde habían nacido. Dejar los recuerdos. Dejar una manera de hablar y una zona tranquila para moverse, una zona conocida durante toda la vida. Dejar una vida por otra que no estaban seguros si existiría.

Dejar todo por su sueño de libertad. Les daba temor, y el riesgo de cada pensamiento los atormentaba.

Pero su amor por encontrar un lugar que los recogiera, que les permitiera pensar y existir en libertad, en donde pudiera crecer y educarse su familia, era un pensamiento demasiado fuerte que no podían obviar.

Tomar la decisión

Hacer largos recorridos, dejar a la familia, las pertenencias y todo afecto, es una decisión desgarradora.

Te quita gran parte de ti mismo.

El ver tus días llenos de incertidumbre y sin los afectos o costumbres de siempre hace que la tendencia normal del ser humano sea desmoronarse. A menos que tenga un motivo poderoso.

Ellos viajaban a nuevas tierras para desarrollar contextos y espacios en los que su gente pudiera vivir y amar en libertad.

Cuando decidieron partir lo hicieron seguros de que comenzaría un tiempo especial para ellos.

Ahorraron durante años para poder pagar el transporte y todos los pertrechos que iban a requerir para el camino. Salieron con un entusiasmo único que los motivaba.

Pero la mitad de ellos no llegó, murió en el camino debido a la peste o a las inclemencias del clima o del viaje.

Habían pasado hambre, vejámenes y sufrimientos en medio de la travesía.

Cuando por fin salieron hacia nuevos rumbos, con un horizonte de optimismo y confianza en todo lo que venía por delante, se encontraron con que su cuota de confianza era más una amarga nota de ingenuidad. El camino hacia la nueva vida sería tanto o más difícil que la decisión de salir.

> **El camino hacia la nueva vida sería tanto o más difícil que la decisión de salir.**

No era simplemente la distancia entre los sueños y la vida conocida, ni tampoco las inclemencias del tiempo o las posibles enfermedades. Lo primero doloroso que encontraron fueron sus semejantes, que relacionándose con su anhelo se convirtieron en generadores de su angustia.

Despiadados comerciantes les prometieron llevarlos a esa nueva tierra, y se quedaron con su dinero.

Buscaban libertad, una nueva vida, una tierra que los recibiera con los brazos abiertos.

Al llegar no fue así. Apenas pisaron la tierra que soñaron durante tantos años, esta se tornó hostil. No conocían sus caminos ni sus malezas. Tampoco las inclemencias del clima que se ensañaban con ellos. Pero lo peor era que los pueblos que vivían allí antes que ellos no los recibieron con alegría.

Los habitantes del lugar los tomaban como extranjeros y los amenazaban de muerte si se quedaban. Debieron construir su futuro a fuerza de empuje y determinación.

Desazón, engaños, inclemencias, enfermedades, caminos sinuosos, hombres sin piedad, personas desagradables, robos y más fueron las marcas que el viaje de una vieja vida a una nueva había dejado como huellas en sus retinas y en sus corazones.

No estoy hablando de inmigrantes del siglo veintiuno.

No estoy hablando de aquellos que llegan a la tierra de los sueños cruzando desiertos o el mar Caribe.

Estoy hablando de los primeros colonos de Estados Unidos.

Pioneros que llegaron en un barco llamado *Mayflower* luego de doce años de estar preparándose para la travesía.

Un grupo de personas para quienes la esperanza, la libertad, la pasión y la búsqueda de un futuro mejor eran parte de sus vidas cotidianas.

Personas que perseveraron en medio de la inclemencia, de la incomprensión y del sacrificio cotidiano. Pero que llegaron a cambiar el destino. Y que influyeron en generaciones futuras.

Ingleses que habitaron esta nueva tierra y que lograron ser inmigrantes felices, luego de pasar por muchas trabas y situaciones.

Hoy podemos aprender también de ellos...

Esos pioneros, colonos de una nueva tierra, son un ejemplo para miles y miles de inmigrantes que antes o después que ellos eligieron caminar la misma senda.

> **Los ingleses habitaron esta nueva tierra y lograron ser inmigrantes felices.**

Esos inmigrantes se pusieron de pie y no esperaron que otros les resolvieran sus problemas o les cambiaran las circunstancias. Ellos fueron por esas circunstancias. A costa de mucho. Pero también dejando un terreno arado para los que vendrían después de ellos. Colonos que dejaron un ejemplo para que pudiéramos seguir.

En diferentes formas. Con muchas marcas. Pero con empuje y decisión.

Hicieron el viaje más ejemplificador en estos últimos siglos de un inmigrante, y representan el corazón de un colono digno de imitar.

Fue un viaje costeado por ellos mismos hacia un futuro que lo único que tenía de seguro era que había que construirlo.

Otros habían pasado por aquellas tierras

Otros habían pasado por esas tierras... John Cabot, un navegante italiano que con el auspicio de Enrique VI navegó en busca de un paso hacia el oriente.

Y algunos más... que pasaron por estas extensas tierras observándolas solo como posibilidades de negocio o un espacio de conquista.

Pero solo estos pioneros serán recordados como la «epopeya americana».

Porque vinieron por libertad, vinieron para quedarse, vinieron buscando forjar un lugar donde vivir sus principios y pasarlos de generación en generación.

Ellos son conocidos como «los peregrinos».

Como la historia de miles de inmigrantes, la suya comienza a miles de kilómetros.

Uno puede conocer mucho de la travesía porque se conserva gracias a los hombres que la vivieron y la han descrito

William Bradford[1] fue uno de los que narró con detalle lo que sucedió con aquellos hombres y mujeres valientes que cambiaron su historia y la de muchos cuando decidieron ser protagonistas de su destino.

Ellos no se convirtieron en peregrinos de un día para otro, sino que llevaron más de diez años invirtiendo en un proceso que los tenía ocupados.

¿Invirtiendo? Sí. Igual que ahora. Los viajes de los inmigrantes que van en busca de una nueva vida son costeados por las mismas personas que deciden viajar, con ayuda de sus familiares, amigos y personas queridas, pero todo a fuerza de tesón y empuje.

Mientras que las conquistas eran subvencionadas por imperios como el español o el portugués, los colonos del *Mayflower*, igual que otros peregrinos, pagaron ellos mismos su boleto al futuro.

Los peregrinos son un ejemplo vivo para todo inmigrante de cualquier nacionalidad. Ellos fueron colonos de una nueva tierra y no sus conquistadores.

Otro de los grandes principios que deseo mostrarte en este libro es este: se puede ser un inmigrante feliz y aprender de los compromisos e inversiones que los peregrinos también hicieron.

Sus principios y su corazón de servicio los iluminaban cada mañana en busca de algo mejor para ellos y sus descendientes.

Los peregrinos que marcaron una diferencia en el mundo supieron que podían ser inmigrantes y, con una manera de ser poderosa, llenar de felicidad sus vidas.

Y fueron por ello... con gran esfuerzo y dedicación.

Con mucho sacrificio. Más de una vez con desánimo. Con caminos llenos de obstáculos. Con gran cantidad de desarraigo.

Pero con algo que los hizo permanecer. Iban hacia una nueva tierra a darle lo mejor que tenían de ellos mismos. Y a ser parte de ella y con sus habitantes originarios construir un futuro poderoso.

Capítulo 2

CONQUISTADOR-COLONO: DEFINICIÓN Y ANÁLISIS

Millones y millones de inmigrantes han marcado una diferencia en el mundo durante estos años.

Como nunca, personas que eligen salir de su tierra de origen e ir hacia otra tierra con sus familias y sueños son noticia cotidiana. Inmigrantes de diferentes nacionalidades y culturas se mueven de un lugar a otro, y cada vez más.

Así también sucede con los hispanos de diferentes partes del mundo.

Los inmigrantes hispanos siempre se notan en cualquier lugar del mundo a donde hayan emigrado. Por excelentes o malos ejemplos, se notan.

Si observamos el desarrollo migratorio a nivel mundial, descubriremos que los chinos cuentan con gran cantidad de inmigrantes en muchísimos países, sin embargo, no hacen tanto ruido como los inmigrantes latinos.

El latino se hace notar en sus expresiones, en sus danzas, en su pasión por lo que hace. Se le reconoce también por sus enojos, por su hablar alto y su manera de relacionarse con otros.

Creemos que llegó el tiempo de no solo hacernos notar, sino de poder ser protagonistas en cada lugar donde estemos dando lo mejor de nosotros.

Pero para que eso suceda hemos descubierto algo que puede cambiar la vida de millones de inmigrantes hispanos en el mundo. Y es que el modelo de pensamiento que tenemos como inmigrantes no nos ayuda a ser inmigrantes felices. Si cambiamos ese paradigma, lograremos desarrollar un contexto que será poderoso para nosotros y nuestros seres queridos.

Diferencias entre inmigrantes, refugiados, extranjeros y visitantes

¿Inmigrante o visitante?

No toda persona que sale de una nación para vivir en otra es un inmigrante.

> **No toda persona que sale de una nación para vivir en otra es un inmigrante.**

Esta es una de las mayores confusiones que hemos tenido.

Dicha confusión ha generado que se pensara que todas las personas que llegan a otra tierra que no sea el lugar donde nacieron son inmigrantes y pueden tener los mismos derechos y obligaciones que cualquier otro.

Por eso debemos hacer un alto y preguntarnos con seriedad: ¿soy un inmigrante?

Porque quizás estás viviendo en otra tierra, pero no eres un inmigrante.

Puede que seas un trabajador extranjero, un refugiado o alguien que esté de visita.

En cualquiera de estos casos es excelente que pases un tiempo fuera de tu casa para adquirir experiencia, para mejorar la calidad de vida, porque debes esperar que se den las condiciones o porque no has conseguido un buen empleo.

Pero no eres un inmigrante. Solo alguien que está de paso. Y si así fuera está bien, pero para cambiar el mundo en el que vivimos debemos hablar claro.

Y hablarlo. Porque todo lo que no está en tu lenguaje no existe.

Así que para diseñar el futuro resulta primordial elegir quiénes queremos ser.

Si estamos de visita o por un tiempo es fabuloso, pero si he elegido emigrar debo desterrar de mi vida el lenguaje de refugiado y convertirme en un inmigrante feliz.

Porque cuando quiero lo mejor de dos mundos probablemente reciba lo peor de dos mundos.

Y como decía el cantautor terminaré también pensando y sufriendo porque «no soy de aquí, no soy de allá».[1]

Híbridos ciudadanos de las circunstancias, que están en cuerpo o geográficamente en un lugar, pero su lenguaje, sus pensamientos, su conversación cotidiana, su corazón, está muy fuera de allí. Y no tienen ni la más mínima noción como ciudadanos, solo buscan y hacen crecer sus nociones como consumidor.

Refugiados

Los refugiados son un grupo de personas que se reconocen como migrantes forzados, pues en sus países son perseguidos por sus creencias o razas, o por conflictos armados o desastres naturales.

Esta definición fue asentada en 1951 en la Convención sobre el Estatuto de Refugiados de las Naciones Unidas. Actualmente, el concepto se ha ampliado haciendo referencia a las personas que se van de sus lugares de origen porque las tierras de esos países no les aseguran la subsistencia.

La protección internacional de los refugiados se basa esencialmente en asegurar la admisión en el país de refugio, el otorgamiento del refugio, el respeto de los derechos humanos y el cumplimiento del principio de «no-devolución», que respalda el derecho de las personas que solicitan refugio a no ser obligadas a regresar a su país.

Extranjero

Un extranjero es aquel que ha llegado a una nueva tierra en representación de su propia nación. Que vino para estudiar o trabajar, pero que tiene un tiempo reducido de permanencia y que pronto, y con gran entusiasmo, regresará a su tierra de origen.

Se define como extranjero a aquella persona que no forma parte de la comunidad política que se adopta como referencia. En todos los estados existe una regulación acerca de la entrada y salida de los extranjeros del territorio nacional. Tal regulación recibe el nombre de «derecho de extranjería». Dentro del grupo de extranjeros se distinguen los que poseen un estatuto común y los que tienen un estatuto especial. Los segundos gozan de un tratamiento más favorable en algunos aspectos, debido a los vínculos existentes entre el estado en el que el extranjero en cuestión se halle y el estado del que sea nacional.

Visitante

Una visita viene por un tema puntual: turismo, familiares, conferencias. Puede que se quede un día o un año, pero siempre será una visita. Se le atiende y agasaja como una visita y se sabe que pronto volverá a su casa, así que se pretende que el tiempo que permanezca como visita sea un tiempo de calidez en su vida.

Las categorías de refugiado, extranjero y visitante no solo tienen que ver con las circunstancias, sino también con la decisión personal.

Hoy puedes elegir convertirte de cuerpo y alma en un inmigrante. No importa qué fuiste hasta ahora. Y ser más que eso. Ser un inmigrante feliz.

Algunos inmigrantes no pueden ver hacia adelante porque solo piensan como refugiados, trabajadores extranjeros o comerciantes de paso. Definamos entonces al inmigrante.

Inmigrante

Inmigrante es aquel que deja su tierra de origen y se asienta en una nueva tierra. Es quien vive y desarrolla sus actividades en una nueva nación que adopta como suya. Hemos visto diferentes tipos de inmigrantes, los cuales desarrollaremos a lo largo del libro. También veremos aquellas distinciones que nos ayudarán a ser inmigrantes felices.

La elección es personal

Esta importante definición implica una actitud de vida que depende de ti. Y debes tomarla por tu familia, por ti, por tu futuro.

La elección debe nacer del corazón. No si te va bien, o si te va mal.

Debe ser un diseño, no una reacción, y comprometerte a llevarla a cabo en cada área de tu vida.

No puedes ser un inmigrante por momentos y un refugiado por otros.

Debes elegir.

Algunos, un día son refugiados, otro día son inmigrantes.

Algunos días «sienten» que añoran la tierra que los vio nacer. Ponen música bonita que les recuerde su infancia e idealizan cada momento de su ayer. Y

> **Algunos inmigrantes no pueden ver hacia adelante porque solo piensan como refugiados, trabajadores extranjeros o comerciantes de paso.**

en medio del tiempo que pueden construir su futuro solo alimentan frustraciones.

Pero al otro día, cuando consiguen un mejor trabajo, cuando las cosas les van bien o son reconocidos por algo o alguien, «sienten» que llegó su hora de reclamar sus derechos como «inmigrantes».

Un nuevo modelo de pensamiento nos ayudará a lograr nuevos lenguajes y nuevas acciones.

Si has elegido dejar de ser un refugiado o una visita, y estás comprometido a ser un inmigrante, es un buen momento para que te preguntemos: ¿has venido a conquistar la nueva tierra?

Uno de los grandes problemas que tenemos los inmigrantes por los cuales no somos felices es que en la genética cultural de Latinoamérica traemos el mismo paradigma influenciado por quienes llegaron hace siglos a estas tierras, y le llamamos el «paradigma del conquistador».

Toda Latinoamérica fue impregnada con este paradigma.

Definición de conquista

No tenemos problemas con la conquista, pero consideramos que no es el modelo de pensamiento que ayuda a una persona a ser un inmigrante feliz.

El término conquista es excelente cuando lo entendemos desde el punto de vista de lograr algo con esfuerzo.

O como una actitud ante el desafío.

El *Diccionario de la Real Academia Española* de 2005 define la palabra *conquistar* como: 1. «Ganar mediante las armas un territorio, población, etc.». 2. «Conseguir alguna cosa con esfuerzo, habilidad o tenacidad».

Algunos llegan a una nueva tierra y la única manera que aprendieron de actuar es la que nos enseñaron los españoles. Y es venir a conquistar.

Nuestra ascendencia española está latiendo con fuerza.

No solo en la pasión o la lengua, sino en la mirada y el modelo mental con el que nos relacionamos.

Creemos que la conquista lo es todo.

Que es la única posibilidad.

¡Pensamos en los nuevos suelos que conquistaremos! Y creemos que es la única manera de cruzar hacia la tierra prometida. ¡Conquistar! ¡Conquistar! ¡Conquistar!

Sin embargo, este viejo paradigma y el sistema de pensamiento que traemos los latinos nos han ocasionado más problemas que bendiciones.

Algunas de las características de un conquistador son las siguientes:

- El conquistador tiene los pies aquí y el corazón en su pasado.

- El conquistador viene solo por las ganancias.
- El conquistador se lleva todo.
- El conquistador se lleva una esposa.
- EL conquistador siempre piensa en volver.
- El conquistador tiene relaciones por interés.
- El conquistador solo busca sacarle provecho a la tierra.
- El conquistador viene a ver cuándo se vuelve.
- El conquistador rememora constantemente el pasado.
- El conquistador habla el lenguaje de sus padres.
- El conquistador llega con el objetivo de ganar y regresar.

Los conquistadores solo van en busca de percibir algo. Y cuando consiguen lo que buscaban, rápidamente se lo llevan a su país de origen.

Y cuando las cosas se ponen duras o difíciles se marchan como vinieron.

Son personas que tienen sus pies aquí, pero su corazón a miles de kilómetros, en el lugar de donde provienen.

Nunca terminan de asentarse.

Es como aquel que lleva treinta años en el lugar, y extraña. Y piensa cuándo y cómo volver.

> **Este viejo paradigma y el sistema de pensamiento que traemos los latinos nos han ocasionado más problemas que bendiciones.**

Se levanta a la mañana y lo primero que hace es leer las noticias de su país natal. Y habla de ellas y piensa en ellas. Busca hablar con los afectos que dejó, pero no disfruta de una conversación llena de un amor sin distancias y cotidiana, sino buscando hablar del ayer, enunciar recuerdos.

Diferentes modelos de conquistadores

Hasta el momento hemos detectado los siguientes tipos de inmigrantes conquistadores:

1. Inmigrante bonsai: *Tenemos los inmigrantes que a pesar de ser ciudadanos de su nueva tierra nunca plantan sus raíces. Construyen inmigraciones bonsai. Un arbolito hermoso pero pequeño, plantado en una maceta movible. Construyen la «pequeña Habana» en vez de la «nueva Inglaterra». Son trabajadores incansables, pero buscando volver cada año a su nación a cargar baterías. Los inmigrantes bonsai buscan tener todo diseñado bonito, pero no echan raíces profundas, que afecten su emocionalidad. Los bonsai le dedican mucho tiempo a cuidar lo que tienen y a crecer robustos, pero en su pequeño territorio. Un estudioso de la conducta humana llamado Kholberg calificaba a este grupo de personas como aquellas que buscan que todo esté maravillosamente bien, pero en su casa. Que se ocupan de manera desmedida de que todo funcione únicamente dentro de su propia maceta. Un bonsai no tiene responsabilidad ni contacto con la tierra donde habita, solo está allí para apoyar a su linda y pequeña maceta. Es un hombre o una mujer honorables, pero las raíces de donde provienen sus frutos no están plantadas en la nueva tierra. Adoptan el idioma, pagan sus impuestos, buscan hacer lo mejor que puedan, pero solo pensando en su familia, en los suyos, no en su comunidad, no en su medio ambiente, no en cómo ser de influencia para la nación que los cobija. Un inmigrante bonsai pierde la gran posibilidad de verse crecer como un árbol frondoso solo por miedo a echar sus raíces fuera de la tierra que lo vio nacer.*

2. Inmigrante extranjero: *Luego tenemos aquellos que nunca llegan a querer completamente la tierra que los cobija. Ese es el inmigrante extranjero. Están pensando cómo salir de allí, qué se van a llevar y cuándo volverán a su vieja casa. Construyen todo parecido a lo que traían y tienen una vida temporal. Viven en la miseria. Que no quiere decir pobreza. El Diccionario de la Real Academia Española de 2005 define miseria como «desgracia, infortunio».*

Son personas que viven solo pensando cómo hacer más y ser más poderosos en lo que hacen, pero para llevárselo. Y la miseria y la necesidad en la que eligen moverse es un espacio que también les hace generar malas decisiones. Estos inmigrantes, por su afán y su poca sabiduría, ponen a sus familias en riesgo. A veces años separados de un esposo o una esposa, o dándoles a sus hijos contextos en los que cubrir la insatisfacción cotidiana, se convierten en un deporte, que termina en adicciones o abusos, o con muchachas muy jóvenes embarazadas. En vez del sueño americano es la pesadilla americana.

El inmigrante extranjero pierde de vista su futuro por satisfacer y completar lo que produjo su sufrimiento del pasado.

Es aquel que al vivir en ese lugar solo por un tiempo pretende congelar sus emociones, congelar su crecimiento hasta que vuelva. Y termina congelando su vida. Existen, pero como autómatas que esperan volver a vivir cuando esta «misión imposible» termine. Lo que no saben es que el tiempo pasa igual, las emociones corren por nuestro interior dejando huellas, y el mundo avanza aquí y allá. Cuando regresan a su tierra de origen se convierten en extranjeros como antes y su vida se divide en diferentes sensaciones. El inmigrante extranjero tiene sus pies aquí y su corazón allá.

Y este modelo es muy malo para la salud. Si este es tu caso, comprende que la conquista no es un buen espacio para el inmigrante y vuélvete por donde viniste. Quizás ya no seas inmigrante y puedas ser feliz. Pero si eliges quedarte, este modelo traerá sufrimiento. Sal de él y conviértete en un colono de una nueva tierra. Bésala y avanza hacia tu futuro.

3. Inmigrante recordador: *Es el que si planta raíces en la nueva tierra es solo para dedicarle el árbol al lugar que dejó. Llora las amistades perdidas (algunas que nunca veía cuando estaba allá, pero que ahora añora), y sus sentimientos le hacen recordar cada día y a cada momento lo que ya no vive. El inmigrante recordador rompe con las leyes de la física. Dios nos hizo con la cabeza hacia delante, erguida, mirando hacia el frente, y él se pasa el día con la cabeza hacia atrás. Periódico, noticiero, libros, Facebook, todo lo tiene diseñado para vivir el ayer. Al comienzo de un inmigrante se puede comprender, pero hay algunos que después de treinta años solo* hablan temas de su tierra de origen. Llevan a todos lados encendida la música de su tierra natal y las noticias del día a día. Y no digo que no averigües. Se comprende que has dejado allí afectos, familia. Pero algunos «solo» hablan del ayer, «solo» viven el ayer, «solo» piensan el ayer. Y construyen su vida y vecindario como si vivieran en el país que los vio nacer.

4. Inmigrante despiadado: Es aquel al que le cuesta lograr tener piedad y construir un nuevo futuro. Trata de cobrarle a su futuro todo lo que no pudo vivir en su pasado. Es alguien que vive buscando ganancia y tratando de sacarle a todo lo más que pueda. No comprende el principio de la siembra y la cosecha. ¡Solo buscar cosechar!

El inmigrante despiadado solo busca tener medios para lograr fines. Quizás la pasó muy mal en sus primeros años o en el lugar de donde viene. Quizás no pudo prepararse, perdió todo o fue ultrajado por personas, situaciones, leyes o gobiernos.

Situaciones que endurecieron su corazón. Que le hacen creer que hay que ser malo para lograr buenas cosas. Fue duramente tratado en su pasado y quiere cobrárselo a su futuro y a la tierra que lo recibió.

Su conquista no deja enemigo vivo y por donde pasa no crece más el pasto.

En su falta de principios, en su denodado esfuerzo por la ganancia y en un constante acto de solo pensar en él y cómo satisfacerse y recuperar los años perdidos, hace mucho daño a la inmigración.

De todos los conquistadores, este es el que hace más daño, empezando por sí mismo. No puede ver, está ciego a la posibilidad de disfrutar y no se da cuenta de que hay una mejor forma de vivir, que es amar. Ser un inmigrante feliz es posible, aunque haya mucho conquistador despiadado dando el mal ejemplo y causando pánico a su alrededor.

Cada uno de estos modelos cohabita junto a millones de inmigrantes que quieren ser felices, colonos de una nueva tierra, generadores de contextos de bendición para ellos y para su comunidad.

Hoy, al poder ver y reconocer a estos modelos de inmigrantes, podemos ayudarles y ayudarnos.

Ayudarles a comprender que su modelo de conquista trae sufrimiento y puertas cerradas para ellos y los que los rodean. Y ayudarnos porque podemos elegir salir de allí. No ser así. Convertirnos en inmigrantes colonos, que eligen vivir en la entrega y no en el intercambio. Salir de lo cotidiano para comprometerse con lo trascendente.

Ser un inmigrante feliz es posible. Cambiando la mirada, el contexto y el modelo que llevas a cabo podremos cambiar nuestro futuro y el de nuestras familias.

> **Ser un inmigrante feliz es posible, aunque haya mucho conquistador despiadado dando el mal ejemplo y causando pánico a su alrededor.**

Llegó el tiempo de darnos cuenta de que hay modelos que no sirven, pero hay formas para estos nuevos tiempos que traerán prosperidad, seguridad y felicidad.

¡Hagamos de este día el tiempo único de cambio y vayamos hacia nuevos horizontes en nuestra manera de ser inmigrante!

Entrenémonos para triunfar

1. ¿En cuál de estos modelos te encuentras? Describe con detalle por qué.
2. ¿Cómo cambiar a un modelo de inmigrante feliz?
3. Comparte con otros en el foro acerca de tus elecciones y mira cómo otros también están eligiendo ser inmigrantes felices en una nueva tierra. Solo tienes que ingresar a www.seuninmigrantefeliz.org/foros.

Capítulo 3

LAS RELACIONES DE UN CONQUISTADOR

L legamos a una nueva tierra con optimismo y deseos de tener un futuro.

Pero luego de algunos años escuchamos a muchos inmigrantes quejarse de la falta de relaciones, el aislamiento y la manera en que extrañan a sus amigos de su país de origen.

Y mucho más el latino. Seguramente tú conocerás historias de personas que se angustian y se desesperan por la falta de amigos en la nueva tierra.

Pero podemos trabajar en eso y ser inmigrantes felices.

El inmigrante feliz, nuevo colono de una nueva tierra, elige cambiar ciertos sistemas de pensamiento que hacen de las relaciones un problema para poder convertirlos en una oportunidad.

Profundicemos en los modelos relacionales del conquistador.

Relaciones de un conquistador

El modelo del conquistador tiene relaciones por intercambio. Me das, te doy.

Es un modelo que está buscando las mejores relaciones para llegar a donde quiere ir, y sus objetivos son la base de sus acciones.

El conquistador está cada día de su vida trabajando duro, pero solo para llenar sus manos y tener lo que añora.

Cada vez que pone sus manos en el arado solo piensa en la casa que se hará en su tierra de origen. Cada vez que habla con alguien solo piensa si esa relación le sirve para su objetivo.

Los conquistadores solo hablan y se juntan con aquellos que vienen de donde ellos vienen y que van hacia donde ellos van.

> **El modelo del conquistador tiene relaciones por intercambio.**

Y si se relacionan con alguien más es solo para intercambiar algo, o generar algún negocio. Por eso en el mundo occidental de hoy cada vez hay gente más sola. Porque las relaciones están basadas en objetivos y no en las personas.

Escuchas decir: «Usted haga esto y lo otro, y conseguirá esto y lo otro». Y con mucha pena descubrimos a más y más conquistadores usando el amor como un medio y no como un principio.

El conquistador considera al afecto, el estar para el otro, el pasar tiempo con personas de la comunidad, como medios para llegar al fin que se propuso. Logra resultados pero vacíos, que día a día necesita volver a llenar.

Cuando el conquistador pasa buen tiempo en la tierra que le abrió sus puertas y comienza a ver que muchos lazos empiezan a generarse en ese lugar, busca ampliar sus relaciones. Pero siempre lo hace pensando en él. No encontramos conquistadores que decidan tener relaciones de trascendencia, de entrega, de estar para el otro. Siempre están involucrados el factor tiempo o el factor intercambio.

Los conquistadores no pueden disfrutar el éxito ajeno. Siempre lo toman como un fracaso personal. Y hacen lo que sea para combatir las opciones que facilitan que al otro le vaya bien.

A veces es más perverso con el inmigrante conquistador que el habitante originario de esa tierra. Ellos mismos se vuelven despiadados con otros inmigrantes. Su criterio para relacionarse tiene que dejar ganancia y esto lo separa de la vida real de la comunidad.

El conquistador se relaciona con otros, pero solo se junta por interés.

El mundo de los conquistadores es un mundo egoísta, con la visión y la búsqueda del sueño americano para uno solo.

El conquistador cree que la vida es intercambio, que las relaciones son intercambio, que los resultados se logran con intercambio.

«¡Ponga sacrificio y conseguirá metas hechas!», escuchas decir. O haga esto o lo otro por su cónyuge y pasará tal o cual cosa, dicen a boca llena.

El intercambio de «te doy para que me des» es el diseño que más les gusta. Hasta creen que el amor es intercambio. Todo tiene que tener una ganancia, un resultado, un objetivo.

Y ponen en juego sus horas y relaciones en busca de la conquista dejando un tendal de relaciones rotas, de personas desgastadas, de gente que espera de ellos una amistad y solo recibieron un intercambio.

Son personas que tienen relaciones por compromiso y no compromiso por la relación.

Y no sé tú, pero yo estoy un poco cansado de ver tantos inmigrantes que viven de este modo.

Un conquistador, cuando lo que buscaba terminó, desaparece; un colono comprometido con la relación se queda en las buenas y en las malas.

¿Por qué vemos tantas familias destruidas o separadas en medio de inmigrantes conquistadores?

Porque han puesto por delante sus anhelos de conquistar una nueva vida y han descuidado la que tenían. Y como nos gusta decir: «No es solo surcar nuevos mares, sino mirar con nuevos ojos el puerto donde estamos».

Se han desmembrado familias por vivir en el paradigma del conquistador y en el modelo de la relación por intercambio. Y no es un problema de distancias. Puede suceder que circunstancialmente estés separado de tus hijos o de tu esposa o esposo. Porque lo hayas querido o haya sucedido. Pero se puede mantener un modelo diferente. Que una. Que mantenga la comunicación. Que procure salir de la búsqueda de resultados y genere marcos de bendición.

Recibí hace unos días un mensaje de una de mis hijas.

Ella está terminando el Máster en Negocios en Nashville, Tennessee, y lleva ya unos años a la distancia.

Su mensaje decía: «Gracias papi y mami por haber creado un espacio en donde no solo se dedicaron a disciplinarnos, sino también generaron una confianza que permite aprender de su sabiduría, nunca juzgándonos, pero siempre amándonos y elevándonos a ser mejores».

Había distancia geográfica, pero no distancia de corazones. Y eso no se logra con la mirada que los conquistadores tienen de la vida.

> **Son personas que tienen relaciones por compromiso y no compromiso por la relación.**

Tenemos que empezar a construir las relaciones de un inmigrante feliz, las de un nuevo colono para una nueva tierra.

¿Qué hace felices a los inmigrantes conquistadores?

¿Qué sucede que este inmigrante no puede disfrutar su sueño?

Seguramente hay muchas circunstancias.

Una de ellas es que lo ahogan los contratiempos. No le alcanza el día para poder cubrir todas las necesidades reales y las que se fue creando desde que llegó.

Los problemas se acrecientan porque dos enemigos del inmigrante lo atacan apenas pisa nuevo suelo.

A estos enemigos me gusta llamarlos «el síndrome del turista» y «la oferta del día».

El síndrome del turista

El inmigrante llegó y se encontró con un nuevo mundo. Como viene a ser un conquistador y no un inmigrante colono, nunca deja de tener el síndrome del turista que traía de su vieja vida.

El síndrome del turista es aquel que hace que una persona de todo quiera llevarse dos.

Ingresa en las grandes tiendas, ve los precios y en seguida un pequeño enano se le para en el hombro y comienza a decirle y sugerirle ideas.

Y rápidamente sale de su boca ese pensamiento que lo esclaviza: «En mi país no hay esto», «En mi país nunca tuve la oportunidad de algo así», «¿Será que nunca más pasaré por aquí?». Y el síndrome del turista comienza a comerse su cerebro y le ayuda a generar las sustancias que su cuerpo necesitaba para emocionarse.

Recuerda. La interpretación de la vida siempre es electiva, la adrenalina que produce es automática.

Y entonces todo lo lleva al segundo pensamiento:

> La interpretación de la vida siempre es electiva, la adrenalina que produce es automática.

«Quiero llevarlo hoy porque mañana no sé si pasaré por aquí».

«Quiero llevarlo porque toda mi vida quise algo así y nunca pude tenerlo».

«En mi país esto sería imposible».

«En mi país esto nunca lo tendría».

«Si me vieran en mi país me envidiarían».

Y poco a poco trae nuevamente su pasado a su presente, llamando «mi país» a todo aquello que viene a su memoria.

Y poco a poco amontona ideas y acciones que, al ser un inmigrante conquistador, el síndrome del turista hace crecer.

Él cree en su fuero íntimo que sigue siendo ese turista que una vez visitó ese lugar y quiere llevarse todo para su casa, y como no echó sus raíces, la semilla del turista comienza a florecer.

Todo lo ve con ojos de extranjero. Su mirada está influenciada por la vida que tenía anteriormente.

Busca excusas para hacerse de ello.

Tener es la clave. ¡Tenerlo hoy es la necesidad! Y va sumando cuentas a su diario vivir. Y comienza a vivir una vida que no puede pagar...

La oferta del día

El otro enemigo es la oferta del día.

Si emigraste a una nación desarrollada, seguramente también tiene desarrollado su mercadeo para que no solo conozcas la oferta del día, sino también «sientas la oferta del día».

¡Que puedas quedarte con la sensación de que no puedes perdértela!

¡Que pienses que nunca antes tuviste ese producto en ese precio y con esa facilidad!

El inmigrante lee las noticias, mira el televisor, le llegan ofertas a su casa que son increíbles.

Y solo por ese día, ya no tiene la ansiedad que produce el síndrome del turista. Ahora tiene la angustia que produce el síndrome de la oferta del día.

Piensa: *No sé si habrá una oferta igual y no quiero perdérmela.*

Y comienza a considerar comprarlo en quinientas módicas cuotas.

Y aprovechar esta opción de un nuevo carro, o de cosas para la casa o para él mismo.

«Trabajo tanto que me merezco un gustito», se justifica.

Como conquistador, busca en su historia o su ayer excusas para hacer este presente mejor, pero sin conciencia de que de este modo construye un futuro incierto.

Y entre una sensación y otra, agranda los contratiempos normales al hecho de vivir en otra cultura, en otro país.

Ser un inmigrante feliz es saber que muchos de los contratiempos son generados por el síndrome del turista y la oferta del día, y por una falta de preparación para llegar a esa nueva tierra y mirarla desde el futuro y no desde el pasado.

> **Ser un inmigrante feliz es saber que muchos de los contratiempos son generados por el síndrome del turista y la oferta del día.**

Es cierto que otros contratiempos también pueden suceder, pero estos dos se le suman a ellos por el solo hecho de venir con una mirada de conquistador a una nueva tierra.

El conquistador y su relación con el tiempo

Cuando uno vive como un inmigrante conquistador en vez de como un inmigrante colono, trata de detener el tiempo en su interior sin darse cuenta de que el tiempo pasa igual.

El conquistador hace todo lo que puede y rápido regresa para volver a construir el pasado.

He conocido una ciudad en el norte de Chile donde la gran mayoría de los hombres que están allí van a conquistar su futuro, cuando en realidad dejan su presente en suspenso.

> **El conquistador hace todo lo que puede y rápido regresa para volver a construir el pasado.**

La ciudad es un polo de expansión y prosperidad, los sueldos son tres veces lo que se gana en el resto del país, y genera gran parte de la economía de la región por sus riquezas naturales.

Debiera ser un lugar que muchos quisieran colonizar, donde sentar las bases de sus familias y su futuro, y buscar que sus hijos crezcan allí.

Pero lamentablemente este lugar está lleno de conquistadores. Hombres y mujeres que van en pos de prosperar, de cambiar su suerte o hacer una diferencia. Sin embargo, las marcas y huellas que dejan este estilo de vida son muchas, tanto en lo personal como en lo social.

En lo personal algunos viven miserablemente a la espera de regresar al pasado para vivir bien.

En lo social no vemos una construcción de casas lindas y agradables.

Cuando pregunté por qué era así, alguien con mucha sabiduría me dijo: «Porque la gente construye rápido una casa de paso». Y transitan la vida viviendo de paso.

Cuando uno vive buscando construir el pasado no trae nada nuevo a su vida, sino solo lo de ayer, pero ni siquiera las vivencias, solo los recuerdos. Y hay muchas personas en el mundo de hoy que actúan en el presente, pero viven de recuerdos.

Creyéndose conquistadores de una nueva tierra y de un nuevo trabajo no se dan cuenta de que son como los personajes de esa serie, *The Walking Dead* [Los muertos que caminan], zombies que van por la vida sin saber a dónde, sin sentido, haciendo solo lo que están acostumbrados a hacer por acto reflejo.

No tengo nada en contra del concepto de conquistar, pero creo que la manera de ser un inmigrante feliz es salir del modelo del conquistador y entrar en el modelo del colonizador.

Podemos cambiar ese modelo y dejar de tratar de tener mentalidad de conquistador y comenzar a tener una mentalidad de colono.

Capítulo 4

DE CONQUISTADOR A COLONO

Norteamérica fue influenciada por otra cultura, y lleva en su sangre cultural el «paradigma del colono».

A través de este libro podremos recorrer nuevos caminos para pensar y actuar de un modo que beneficie a nuestras familias y a nuestra comunidad.

Llegó el tiempo de ser los nuevos colonos de esta tierra.

No solamente los inmigrantes. Sino aquellos que deciden entregarle todo de sí para las generaciones futuras.

Algunos, cuando escucharon sobre este nuevo libro, me preguntaron si me referiría a la inmigración latina o si haría un libro con orientación sociológica.

Les mencionamos que nuestra propuesta era buscar trabajar más el «ser».

¿Qué tipo de paradigmas, de pensamientos, de conversaciones, tiene un inmigrante feliz?

No podemos intentar conseguir resultados con las mismas maneras con las que hasta ahora no lo logramos.

Es hora de ir por nuevos modelos que nos lleven al siguiente nivel.

Y que estos nuevos modelos nos permitan disfrutar más de lo que hacemos y ser una posibilidad real para el lugar donde vivimos.

¿No será que todavía no te va del todo bien porque tienes tus pies acá y tu corazón allá?

¿No será que todavía no eres un inmigrante feliz porque no te diste cuenta de que le entregaste tus hijos a esta tierra, pagas tus impuestos, pero sigues pensando que eres de otro lugar?

> **¿Qué tipo de paradigmas, de pensamientos, de conversaciones, tiene un inmigrante feliz?**

Cuando piensas en tu país, ¿en cuál piensas primero? ¿En el que te vio nacer o en aquel donde estás forjando tu futuro cada día?

¿Conquistar es igual que poseer?

El concepto de la posesión es muy diferente al concepto de la conquista.

Conquisto cuando me lo llevo.

Poseo cuando comienza a formar parte de mí.

El acto de conquista no implica ni pertenencia ni responsabilidad sobre la nueva tierra. En cambio, cuando uno posee algo, ya comienza la responsabilidad de su cuidado y fructificación.

Encontramos miles de anécdotas en la historia de la humanidad de conquistadores y pueblos conquistados. Historias de grandes guerreros que toman y se van.

Puede ser una buena manera de pensar para un soldado, un guerrero, incluso un deportista. Pero no para un inmigrante.

El inmigrante debe tomar la tierra con el fin de hacerla propia, para que comience a formar parte de sí.

El inmigrante debe comprometerse con el lugar que habita y hacerlo cada día mejor. Sin importar lo que otros hagan. Sin prestar atención a las situaciones que busquen desmoronarlo o hacerlo ir hacia atrás.

Tomar posesión, a diferencia de conquistar, implica responsabilidad con lo tomado para su crecimiento y desarrollo.

¿Qué te parece si los millones de inmigrantes en cada país eligiéramos comenzar a pertenecer, a ser parte, a vivir la vida desde la mirada del que conecta y establece, y no desde la mirada del que gana y regresa?

El deseo del corazón de un inmigrante feliz es abrir los brazos a una nueva tierra, un nuevo lenguaje, un nuevo mundo, en el que buscamos ser protagonistas y no solo espectadores y víctimas del sistema.

Compromiso de conectarse y establecerse

Un inmigrante feliz, nuevo colono de una nueva tierra, vive según sus compromisos. Durante nuestros años de capacitar a líderes hemos definido compromiso como «una declaración en el lenguaje que se sostiene con acciones».

El compromiso no tiene que ver primero con las acciones, sino con lo que hablas.

Luego se sostiene con acciones en tu diario vivir.

Para vivir una vida plena y feliz el inmigrante debe vivir teniendo en cuenta sus declaraciones más que sus circunstancias.

Muchos caen y decaen porque las circunstancias les son adversas. ¿Cómo ser feliz si te persiguen? ¿Cómo ser feliz si no puedo manejar un carro tranquilo por la calle? ¿Cómo ser feliz si corro con el riesgo de que me deporten o camino en medio de las sombras cuando nadie se da cuenta de que existo?

Es por esta misma razón que necesitamos grandes declaraciones de los millones de inmigrantes en esta tierra.

No llegas a vivir donde vives solo por objetivos, sino por compromisos.

El objetivo puede cambiar en base a la situación, el compromiso no cambia.

Y no es un compromiso para ganar, sino un compromiso para conectarse y establecerse.

Hay una declaración continua de posibilidad. Los inmigrantes conquistadores no ven la vida desde la posibilidad, sino desde la ganancia. Y el objetivo es ganar rápido y regresar triunfantes.

Nuevos colonos de un nuevo tiempo

Nuevos pensamientos nos llevarán a nuevos lugares.

Nuevos modelos nos permitirán generar lo que hasta ahora no hemos logrado.

Y la principal clave para ir hacia un nuevo nivel como inmigrantes es comenzar a pensar en las diferencias existentes entre un conquistador y un colono.

Para dar más luz sobre la palabra *colonizar*, piensa en los colonos como un grupo de personas que dejan su país para establecerse en otro y conectarse con los habitantes de esa nación.

> Un inmigrante feliz, nuevo colono de una nueva tierra, vive según sus compromisos.

Debemos comprender que como nuevos colonos tenemos que conectarnos y poseer la tierra entregada, y no simplemente conquistarla.

Las características de un colono son las siguientes:

- El colono viene con corazón y cuerpo.
- El colono viene por libertad.
- El colono entrega su vida.
- El colono siembra una familia.
- El colono siempre piensa en trascender.
- El colono tiene relaciones poderosas.
- El colono hace que la tierra produzca.
- El colono viene a quedarse.
- El colono diseña constantemente el futuro.
- El colono habla el lenguaje de sus hijos.

Si estudiamos la historia de los países que fueron colonizados, veremos que esos hombres y mujeres vinieron a entregarlo todo, a poder ser libres.

A crear nuevos contextos de diseño de futuro.

La actitud y el modelo de pensamiento han hecho la gran diferencia.

Quienes han tenido las características que enunciamos de un colono, o algunas de ellas, han marcado la diferencia en el lugar que eligieron para vivir.

Aquellos que han tenido el corazón de un conquistador, por más que las condiciones hayan sido favorables, han sufrido y perdido posibilidades de disfrutar cada día.

La clave está en cómo llegas al lugar, no en cómo el lugar te recibe.

En qué estás dispuesto a hacer por un futuro de bendición y no en qué estás a la expectativa de recibir.

Los nuevos colonos de una nueva tierra son aquellos que llegan para quedarse.

Los colonos no solo pasaban por allí en busca de nuevas rutas, negocios o cosas que juntar para llevarse, sino con el corazón y el compromiso de quedarse, de arremangarse y dar lo mejor de sí.

Si recorres la historia verás que antes de los peregrinos que llegaron a Estados Unidos otros lo habían hecho. Sin embargo, no pudieron construir una gran nación porque miraban con ojos de negocio, de ganancia, de interés. Y así se volvieron.

Todavía hoy tenemos graves disputas por aquellos que emigran a una nueva tierra, pero solo lo hacen como esos comerciantes de siglos pasados: en busca de ganancia y negocios. No se dan cuenta de que ese camino es un camino lleno de piedras que no genera un contexto acorde para vivir. Si cada uno de los inmigrantes que llegara a una nueva tierra pensara en tener un corazón de servicio y ser una posibilidad, probablemente, no sin dificultades, pronto sería parte de esa nación.

El comprender la importancia de ser un nuevo colono de un nuevo tiempo nos ayudará a incorporar hábitos y miradas que nos darán, en cualquier lugar donde nos encontremos, un valor agregado y la posibilidad de ser inmigrantes felices.

El ejemplo de los peregrinos es clave para comprender el concepto que estamos desarrollando. Ellos tuvieron algunos principios que marcan una diferencia y generan un resultado distinto.

Los colonos que salieron en busca de su futuro lo hicieron para poder vivir la Palabra de Dios en un lugar libre.

Esto no significa que ellos llegaron sin penurias.

> **La clave está en cómo llegas al lugar, no en cómo el lugar te recibe.**

Si profundizas en la historia de los primeros peregrinos que poblaron Estados Unidos, verás que vivieron en medio de muchos obstáculos.

Le dieron su dinero a quienes conocían el camino, y estas personas se quedaron con sus pertenencias, les quitaron todo; tuvieron diferencias con los pueblos originarios; llegaron en medio del frío, en medio de un invierno crudo; la enfermedad se encargó de la mitad de ellos y en menos de tres meses quedaron mermados a un puñado; unos pocos tuvieron que cuidar a todos.

Pero su convicción los mantenía firmes, su nueva identidad, la construcción de un lugar libre que les permitiera ser felices.

Este país lo fundaron y lo hicieron crecer colonos entregados.

¡Seamos los colonos de este nuevo tiempo! ¡Miremos hacia adelante con esa pasión que nos caracteriza, con el corazón puesto en ser inmigrantes felices!

Ya hemos visto a muchos venir e irse. O estar y mantener su cabeza fuera de aquí.

Y no queremos que suceda esto nunca más...

Muchos latinos han sucumbido en las dudas o sin poder hacer nada porque solo contaban con la mitad de ellos mismos. Sin darse cuenta. Porque era el único modelo que habían aprendido. Un inmigrante feliz primero que nada cambia la mirada.

No viniste a esta tierra a conquistarla simplemente, sino a darle lo mejor de ti. El corazón de un inmigrante feliz es aquel que piensa qué puede dejarle de legado a sus hijos, a su ciudad, al país que lo cobijó.

Viniste a más que pensar en volver, viniste a forjar aquí tu futuro y que tu familia pueda crecer en una tierra de libertad.

Viniste a dejarle tus talentos, tus hijos y tus mejores horas.

Este es el lugar que tenía un propósito para ti y el cual tú vienes a cumplir.

Un inmigrante feliz es el que a pesar de las circunstancias elige caminar erguido por la calle sabiendo que está en el lugar correcto y que tiene un propósito firme para este día.

¡Qué día maravilloso para respirar profundo, para mirar hacia adelante con pasión y optimismo!

Más allá de las circunstancias por las que estés atravesando, puedes ver el futuro con optimismo.

Muchos latinos han sucumbido en las dudas o sin poder hacer nada porque solo contaban con la mitad de ellos mismos.

Es un buen día para comenzar a mirar la tierra que poseemos con los ojos de aquel que va a honrarla, respetarla, fructificarla.

¡Elige dejar de mirar el ayer como el centro de todos nuestros sentimientos y emociones, y comienza a mirar el mañana con la mirada de un inmigrante feliz, hacia el futuro!

¡Qué bueno que nuestros hijos nos miren con la vista erguida hacia adelante!

¡Sé un inmigrante feliz!

Se puede ser un inmigrante feliz y vivir cada día con una pasión especial por lo que el futuro tiene para ti.

Las relaciones de un colono

El modelo del colono plantea que llegamos en comunidad, trabajamos en equipo y somos uno solo en pos del objetivo.

El colono ama a la tierra que lo cobijó tanto o más que a la que lo vio nacer. Aprende su lengua, disfruta sus comidas y danza sus bailes. El inmigrante feliz es quien se relaciona echando raíces y regando cada día el árbol de su descendencia.

Él entiende el amor como una elección de vida y no solo como un sentimiento. Y su amor por la nueva comunidad llena su corazón y desea verla crecer tanto o más que a sí mismo.

A diferencia del conquistador, el colono piensa en qué más puede hacer por el otro y comprende que todos hacemos uno.

No tiene relaciones por intercambio sino por entrega, y entiende que se debe al otro.

No solo piensa por el otro. ¡Piensa como el otro! Y eso lo hace generar una sinergia que le permite pensar, hablar y actuar en una misma línea.

El inmigrante viene para quedarse, sembrar, echar raíces y generar relaciones duraderas. No tiene relaciones por compromiso, sino compromiso con la relación.

Y tener un compromiso con la relación es poder relacionarte con los otros teniendo en cuenta quiénes ellos pueden ser y no solo quiénes están siendo.

> **El colono no tiene relaciones por compromiso, sino compromiso con la relación.**

Busca ir más allá de si las circunstancias o los dichos se alinean con sus objetivos y emociones, y está dispuesto y disponible para la relación pase lo que pase y en cualquier situación.

En la cultura de «ser un inmigrante feliz» debemos trabajar las relaciones para que estas sean nuestro contexto.

La casa se construye poniendo un ladrillo encima de dos ladrillos. Y eso la hace fuerte y vigorosa.

El que está yéndose solo busca la acción en el presente. El que está quedándose diseña el futuro, está comprometido a compartirlo con otros y toma como prioridad la relación.

Un inmigrante feliz es aquel que no intercambia por interés espacios de relación, sino que vive la entrega cotidiana, buscando un futuro mejor para todos.

Las relaciones vigorosas son las que se desarrollan en un marco de trascendencia. Al mirar hacia el futuro nos preguntamos cada día con quién quiero estar.

Si solo estoy preocupado por lo que esa persona me va a dejar, o por lo que voy a ganar, posiblemente sea uno más de los millones de corazones solitarios en medio de la multitud que vemos a diario cruzar por las calles de las grandes ciudades.

Pero ser un inmigrante feliz enfoca las relaciones como los espacios donde se vive el mañana, donde se construye una nueva casa.

Si tengo incertidumbre cuidaré lo que tenía ayer. Si diseño el futuro lograré transformar el presente en un espacio de trascendencia y propósito que tiene su mirada puesta en lo que va a venir.

En cuanto a las familias de los inmigrantes, las relaciones de un colono nos ayudarán a forjar un futuro prometedor.

Buscamos cada día generar contextos.

Vivimos por la felicidad y el crecimiento de nuestros hijos.

Los invitamos y alentamos a prepararse, a ir por más, a generar un desafío constante.

Los ayudamos a que sus relaciones sean comunicativas, buscando el bien común, dejando a un lado miradas egoístas que solo buscan la satisfacción personal y ayudándoles a comprender la importancia de crecer, de prepararse para un futuro mejor, de recorrer cada día la milla extra.

Los protegemos y les mostramos con el ejemplo que siempre pueden confiar en sus padres. Pase lo que pase, con mucho en la mesa o con nada. Que siempre estamos para ellos.

Si no fue así hasta ahora, hoy es un buen día para cambiar.

Para dar tu mejor ejemplo. Para buscar convertir a tu familia en el mejor lugar del mundo, donde se comprende que el amor te hace crecer y que la entrega te hace unirte a aquellos que buscan mejorar la comunidad en la que vivimos.

Nos han hecho creer por siglos que el hombre es un animal solitario y de lucha, cuando los últimos estudios demuestran que es empático y amigable. Solo que hemos permitido que modelos de pensamiento y de culturas nos tomaran y nos llevaran por caminos sin resultados.

Yo solo planteo que lo que tenemos hasta ahora nos ha traído hasta aquí.

Que si deseamos algo diferente no podemos seguir buscando hacer lo mismo.

Que el cambio de leyes no sirve si no cambiamos también nuestros paradigmas, nuestros modelos de comunicarnos, nuestros principios de relación.

Y que podemos hacerlo.

Cuando comenzamos a practicar el estilo de un inmigrante feliz, de un nuevo colono, por más que las circunstancias sean difíciles, las fibras más íntimas del corazón y de la unidad de la familia comienzan a entrelazarse. Si practicamos esto por muchos días, por meses, veremos que nuestras comunidades comenzarán a ser espacios de desafío, de compromiso, de relaciones sanas y gente pujante buscando el bien común.

Solo tenemos que dar el primer paso. Y luego el siguiente. Y el que sigue. Y llegará un día en que miraremos hacia atrás y veremos que pudimos construir un mundo mejor, con relaciones basadas en ser una posibilidad. ¡Manos a la obra!

Entrenémonos para triunfar

1. Te has dado cuenta de que desarrollas relaciones de conquistador. ¿Cuáles son? ¿Cuál podrías cambiar por relaciones de colono?

2. Conforme a quién eliges ser, escribe en detalle qué elementos de este capítulo necesitas profundizar para llegar a ser un inmigrante feliz.

3. Escribe en el foro acerca de esta experiencia y comparte con los demás las elecciones para dejar de ser un conquistador y comenzar a ser un colono de una nueva tierra. Solo tienes que ingresar a www.seuninmigrantefeliz.org/foros.

RAJ CHETTY. «DISTINCIÓN: PREPARACIÓN»

Raj Chetty llegó a su nueva tierra con una actitud de entrega y compromiso. Siendo todavía un joven recibió la medalla John Bates Clark que se entrega a los jóvenes de menos de cuarenta años que hayan hecho una comprobada contribución al pensamiento económico. Y Raj lo hizo. Luego de estudiar en Harvard mantuvo su compromiso con la excelencia académica convirtiéndose en uno de los profesores más jóvenes de la historia. Posiblemente tuvo contratiempos, o extrañaba su patria de origen, pero su deseo de superación y de ser una posibilidad para otros era más grande que sus circunstancias.

Chetty había nacido en Nueva Delhi. Junto con su familia emigró a Estados Unidos. Siendo muy joven integra el grupo de inmigrantes que marcan una diferencia.

Capítulo 5

NUEVOS COLONOS DE UNA NUEVA TIERRA

A todos aquellos que no solo quieren ser inmigrantes, sino además inmigrantes felices, a aquellos que desean dejar de ser conquistadores y comenzar a ser nuevos colonos de una nueva tierra, esta, les quiero contar acerca de la película *Un horizonte muy lejano* que protagonizó Nicole Kidman y Tom Cruise, y que recomiendo vuelvan a ver con el corazón de un nuevo colono de una nueva tierra.

Hay una porción de esta película que impacta por la manera en que se desarrolla.

Luego de una larga travesía y de haber dejado atrás su bella Irlanda, un grupo de colonos llegaban a una nueva tierra que se convertiría en su futuro.

«Precioso país, ¿verdad, chico?», le dice el contrincante de Tom Cruise. «He encontrado el trozo de tierra que es como el de sus sueños»,[1] le menciona refiriéndose a la chica de la cual ambos están enamorados.

Se despertaban ese día como en una fiesta.

Toda la familia se juntaba detrás de la carreta o de los caballos e iban juntos a la búsqueda de la tierra prometida.

Todos llevaban su estandarte, jóvenes, niños, ancianos. No hay edad cuando se trata del futuro.

Limpiaban los vehículos y preparaban los animales que les ayudarían a cumplir su propósito.

Nadie improvisaba, todos se preparaban.

Nadie lloraba por la tierra que los vio nacer, sino que se alegraban por la tierra que los vería morir.

Cientos de carretas se paraban una al lado de la otra, hasta esperar la señal de la autoridad del pueblo para dar comienzo a la carrera. No una carrera en la que uno ganaba y los demás perdían, era una carrera por medio de la cual todos sabían que este nuevo tiempo les permitía oportunidades a todos.

Los fotógrafos situaban sus inmensas cámaras para recordar el momento.

Porque no solo el colono experimentaba evento tras evento, sino momentos que cambiaban sus vidas. Que no eran fortuitos. Que no aparecían simplemente. Costaba mucho esfuerzo y dedicación llegar a vivir ese momento. A veces pasaban meses en penurias o sacrificios. Pero ellos sabían que al mirar la vida hacia delante, esta se llenaría de momentos que le darían pasión a su existir.

Mientras la fila de cientos de carretas esperaba el sonido del revólver que les anunciaba la salida, la tierra se mantenía en silencio a la espera de sus visitantes.

Y esta imagen es otra de las que marcan la vida de un colono a diferencia de la vida de un conquistador.

El colono hace que la tierra germine, crezca, produzca y se *mejore*.

El conquistador solo se dedica a sacarle el mejor uso posible a la tierra hasta que esta perezca.

Un conquistador no va en busca de una tierra tranquila que espera que la siembren, sino va en busca de una que tenga que darle.

La tierra sufre con los modelos de conquista.

La tierra es bendecida con los colonos y sus principios.

Y allí estaba la tierra esperando a sus nuevos habitantes.

El relato comienza a vivirse segundo a segundo. Los colonos esperan la orden de salida. Todos piensan que están empezando una vida en vez de acabarla.

El corazón de un nuevo colono está siempre dispuesto a empezar, no importa la edad que tenga.

Y llegaba el momento.

El ejército respaldaba las acciones de lo que sucedería.

Y a la hora indicada se escuchaba el estridente sonido del futuro.

Y al sonar, todos corrían en busca de la bandera de la tierra que les esperaba. No es circunstancias, es preparación, es entrega, es búsqueda de un nuevo destino.

Esta película nos muestra el corazón de un inmigrante feliz.

> **El colono hace que la tierra germine, crezca, produzca *y se mejore*.**

La felicidad no tiene que ver con que todo te vaya bien, sino con saber hacia dónde ir, mirar con un corazón que elige la oportunidad antes que simplemente la excusa, y hablar teniendo en cuenta la construcción de un futuro mejor para cada uno y para nuestros hijos.

Ya sea que lleves treinta años o un día en el país que te cobija, tu actitud determinará tu diseño del futuro y el de tus generaciones venideras.

Todo lo que pasó hasta ahora en tu vida, desde tu nacimiento hasta este momento, puede convertirse en un estandarte que lleves al frente de tu chaleco para que todos puedan observar si eres un orgulloso defensor del ayer o puedes convertirlo en aprendizaje para tu vida, en parte de la cultura que traes para sumarla a la de los demás, como la experiencia que te permitirá elegir qué acciones realizar y cuáles no.

Luego de cabalgar agitado, Tom Cruise le dice al mundo y lo grita con voz profunda: «Esta es la tierra que el destino me ha dado y yo la tomo».[2]

¡Qué momento más maravilloso para la vida de un colono!

No vienes a ver qué pasa. Vienes a hacer que las cosas sucedan.

No puedes evitar por qué saliste de tu país, pero sí puedes evitar que afecte el futuro.

Ser un inmigrante feliz comienza por entregar el corazón, por comprender que el país donde te encuentras es el país que te cobija y la tierra que te sostiene, el lugar donde crecerás.

Declarando quiénes elegimos ser

En nuestros viajes por diferentes países nos preguntan de dónde somos.

Y mi respuesta, sin dudarlo, es: «De Miami». «Pero usted tiene un acento especial... ¿de dónde es?», sigo escuchando. Y les respondo: «De Miami». Claro, me insisten, y siguen diciendo que por mi acento parezco de otro sitio. «Sí, pero soy de Miami».

Hace poco estuve en Argentina presentando uno de mis libros titulado *¿Tienes emociones o las emociones te tienen?* El locutor, un renombrado pastor de ese país, a quien yo quiero mucho, comenzando el programa me consultó por qué había usado la palabra «Tienes» en el título del libro y no «Tenés», como se acostumbra a decir en Argentina. Y argumentó que yo era de Argentina y debía hablar mi idioma en donde quiera que me encontrara. Le respondí que esa era una buena consulta. Que debíamos preguntarle a su audiencia si uno era del lugar donde nace o del lugar donde elige vivir. Los teléfonos no pararon de sonar y la mayoría se sumaba a nuestra manera de mirar: que uno es del lugar donde elige.[3]

Hoy es un buen día para que dejes de decir cuando te pregunten que eres del lugar en donde naciste, y comiences a decir que eres del país que elegiste, que te eligió, donde siembras tus flores, donde riegas tu vida, donde plantas cada día tu corazón.

Llegó el tiempo de que nos convirtamos en unos nuevos colonos, de un nuevo tiempo, de una nueva generación, de un nuevo país.

Cuando eliges ser un inmigrante feliz y entregarle todo a ese país, Dios hace cosas maravillosas en tu vida.

Me ha gustado investigar la historia del pueblo de Israel a través de los años. Y es muy interesante que siempre vieron la tierra prometida como propia. Nunca escuchaste que se sintieran como hijos del desierto, o de origen egipcio. A pesar de que muchos habían nacido en Egipto o en el desierto, ellos se nombraban conforme a la promesa.

¿Somos de donde nacimos o de donde elegimos vivir?

Y llegaron a habitar en esa tierra de una manera plena y completa cuando cambiaron sus paradigmas, cuando cambiaron su mentalidad. Cuando eligieron poseerla y no simplemente conquistarla.

El pueblo de Israel podría haber llegado al lugar que Dios les había mencionado en menos de un año. Pero tardaron cuarenta. La tardanza fue consecuencia de sus paradigmas, no de sus circunstancias.

Algunos se quedaron cuarenta años en el desierto.

Algunos se murieron en el desierto. Por tener mentalidad de Egipto. Por mirar hacia atrás y no hacia adelante. Por estar más temerosos de los gigantes que de las promesas.

Cuando en el desierto les preguntaban de dónde eran, sus pensamientos fijos en el ayer los llevaban a pensar: «De Gosén» (de Egipto).

Me imagino la conversación. «Pero usted en Egipto era esclavo...». «No importa, yo nací allí».

Cuando ese pueblo un día creyó la Palabra de Dios, que podía ir por su tierra prometida, ese día se abrieron las puertas.

Un inmigrante feliz elige y no solo decide. En uno de mis libros, *Elige triunfar*, publicado por Grupo Nelson,[4] hablamos de que la persona para ir hacia el resultado extraordinario puede escoger dos caminos, elegir o decidir. Si decides es que todas las acciones que realizas están basadas en las circunstancias; si eliges es que todas tus acciones están basadas en tus compromisos, conformes a tu visión, conformes a dónde vas.

Todo el día estamos eligiendo y decidiendo. Constantemente. Muchas veces uno tiene que decidir cosas por lo que está pasando. Hay personas que apenas empiezan a tener una circunstancia negativa ya declinan.

Si el ochenta por ciento de tu vida son decisiones, solo eres una reacción a las circunstancias.

Quienes viven la vida basada en decisiones tienen un cartel en sus frentes que dice: «Si el mundo está bien, estarás bien. Si el mundo está mal, tú estarás mal».

Un inmigrante feliz es aquel que elige

Es aquel que sabe hacia dónde va.

Es aquel que sabe que va a tener adversidades y busca aprender de ellas.

Es aquel que a pesar de las situaciones difíciles constantemente viene desde su futuro.

Un inmigrante feliz viene desde su elección sabiendo que fue invitado a una nueva tierra a ser un nuevo colono. No solo a conquistarla. Alguien que eligió ponerle pasión a su futuro más allá de las circunstancias.

Que sonríe porque es su manera de ser, y no solo por lo que pasa.

El inmigrante feliz sabe que la felicidad es una vía de adentro hacia afuera.

Hoy podemos elegir venir de un lugar diferente.

Fuiste creado con la soberana posibilidad de elegir la vida que deseas vivir.

Puede haber momentos que sientas que no sabes cómo, o que todo lo que hiciste te salió mal, o que no tienes los recursos para hacer lo que deseas hacer, o que muchos te critican o buscan que vuelvas para atrás.

Eso pasa. Pero les pasa a todos.

No solo a los que fracasan.

Les pasa también a los que triunfan.

A los que cuando viene ese tipo de sentimiento, de pensamiento o recuerdo se llaman a contar y eligen triunfar, eligen ser inmigrantes felices, eligen pensar como colonos y no como conquistadores, eligen vivir el nuevo tiempo y la nueva tierra como el propósito único por el cual existen, eligen.

La diferencia entre un fracasado y un exitoso no son las circunstancias que ocurran, sino la manera en que se relacionan con ellas.

¡Elige hoy vivir de forma extraordinaria más allá de lo que pase fuera de ti!

Ir por un camino de elecciones puede traer esfuerzo. Pero recuerda que un camino de decisiones solo trae excusas de lo que no pasa.

Sé que muchos de los que leen este libro han pasado años de problemas, y que cuesta creer que podemos caminar por elecciones.

> **Un inmigrante feliz viene desde su elección sabiendo que fue invitado a una nueva tierra a ser un nuevo colono.**

Y que cuando decimos que somos los nuevos colonos de esta tierra, la gente nos mira como extranjeros advenedizos.

Sin embargo, te exhorto a que perseveres en tu corazón.

A que no te detengas, a que puedas caminar con la frente en alto, con la cabeza erguida, buscando ir hacia el futuro promisorio que deseas para ti y tu familia.

Y comprométete a prepararte más.

Con nuestro equipo de coaches entrenamos a miles de personas que han buscado lograr lo extraordinario en su vida.[5] Han pasado por un proceso de incorporar nuevas distinciones y herramientas, y se esforzaron para lograr lo que hasta ahora no habían logrado.

Ellos sabían que tenían que ir por más y eligieron hacerlo.

Tú puedes también ir por lo extraordinario. Tú puedes elegir triunfar en este día. Tú puedes ser un inmigrante feliz que se prepara para influenciar en medio de la comunidad.

Llegó el tiempo de poder ayudar a nuestros seres queridos a ser inmigrantes felices.

¿Cómo lo hago?

Estaba en un proceso de formación de coaches.[6] En la sala había líderes de diferentes naciones y con variadas responsabilidades. Entre ellos se encontraba un joven con mucha visión y empuje. Había vivido muchos años sirviendo en el interior de su país de origen y ahora era un inmigrante en Canadá.

Llegó el tiempo de poder ayudar a nuestros seres queridos a ser inmigrantes felices.

Cuando comenzó a escuchar cada uno de los términos que tú estás leyendo ahora, el joven comenzó a ver que se podía ser un inmigrante diferente y ayudar a muchos a poder serlo. Pero lo primero que hizo fue preguntar: «¿Hay alguien que tenga alguna idea?».

Buenas distinciones en viejas formas son solo un rápido fogonazo en medio de la oscuridad.

Pero podemos ver más que eso.

Podemos prender nuevas luces en nuestras vidas.

Entrenémonos para triunfar

1. Describe con detalles en qué áreas durante tu última semana has decidido, y en cuáles has elegido.
2. Si tuvieras el éxito asegurado y todo lo que hicieras te saliera bien, ¿qué elegirías hacer en esas áreas? ¿Sería lo mismo? ¿Sería diferente?
3. Comparte con otros tus nuevos espacios de elección para ser un inmigrante feliz y lee lo que otros en diferentes partes del mundo están eligiendo hacer. Solo tienes que ingresar a www.seuninmigrantefeliz.org/foros.

Capítulo 6

EL INMIGRANTE COLONO: ¿CÓMO DESARROLLAMOS SU FELICIDAD?

Concepto de felicidad

La felicidad es alcanzable para todos. No depende de dónde vienes, sino de adónde vas. No es un resultado que consigues, es un camino cotidiano que recorres.

Ser un inmigrante feliz es una posibilidad para todos los inmigrantes, sin importar su educación, historia o contexto.

Hemos visto que el modelo del conquistador genera paradigmas y contextos que limitan a las personas para ser felices.

Viven sus sentimientos desfasados de los tiempos. La incertidumbre por un futuro que no existe, solo porque no lo construyen, es la que alimenta cotidianamente la angustia; y el pensar y hablar de lo que dejaron y desean recuperar no les permiten desarrollar la actitud de construir y prosperar.

Por eso invitamos a tomarse la felicidad muy en serio. Creemos que si nos comprometemos a desarrollar nuevos paradigmas podemos cambiar el mundo en el que vivimos, comenzando por nuestro propio mundo.

Cuando uno piensa y profundiza en la felicidad encuentra que es parte de lo que se elige. La Biblia dice que el amor todo lo cree. No significa que es un ingenuo ante cualquier situación, sino que busca constantemente darle una interpretación poderosa a cada motivo y cada persona. Y que al hacerlo genera un contexto de confianza. Creer y confiar son atributos que nos llevarán a ser inmigrantes felices.

La felicidad perdurable viene de una esperanza perdurable. De mirar hacia adelante y buscar hacer de cada momento un gran momento.

Alcanzar la felicidad

¿Por qué algunos inmigrantes llegan a algo y otros no llegan a nada?

Muchos quedan en el camino entre la realidad actual y la realidad deseada.

> **La felicidad es alcanzable para todos. No depende de dónde vienes, sino de adónde vas.**

Salen con empuje y determinación. Se esfuerzan cada día más.

Sus esposas se llenan de orgullo y comentan entre sus amigas: «Mi esposo trabaja duro».

Sin embargo, no pueden cruzar la brecha entre quiénes son y quiénes eligen ser.

Y lo peor es que vuelven desanimados, preguntándose qué hicieron mal para que todo les vaya así.

Por años el desánimo se convirtió en el sentimiento de muchos inmigrantes; ellos le suman al trabajo duro y el sacrificio constante la creencia de que vivir una vida desanimada es parte de lo que les tocó vivir.

Recuerdo el caso de un inmigrante que conocí.

Había llegado a su nuevo país e inmediatamente comenzó a trabajar en la construcción.

Quince años después seguía en el mismo lugar y haciendo el mismo trabajo.

Cuando le preguntabas qué le hubiera gustado ser en la vida decía que músico. Pero nunca se preparó para generar una conciencia de trabajo hacia el futuro. Su vida solo era una reacción al presente.

Quienes debieran estar contentos por las grandes oportunidades que se les presentan, viven con la cabeza agachada luego de tanta derrota.

Llegaron listos para vivir un gran sueño. Pero con estar listos no les alcanzó. Se necesita algo más que estar listos para ser inmigrantes felices.

La tierra de las oportunidades: California

A fines de agosto de 2012 los periódicos abrían sus noticias con un cambio radical para el estado de California. Habían pasado años con marchas y contramarchas que pedían, y en algunos casos suplicaban, que el estado les diera licencias de conducir a los indocumentados.

Este no es un trámite más.

La licencia en Estados Unidos funciona como tu documento de mano más importante. Uno va con la licencia a todos lados. Es la identificación que se presenta. Es la que te permite moverte entre diferentes estados. Es la que usas para viajar en avión. ¡Es el documento!

Los periódicos del momento nos anunciaban que el proyecto de ley podría darle licencia de manejo a un total de 450.000 personas indocumentadas en el estado de California y que solo faltaba la aprobación del gobernador.

Durante un año la medida tomó diferentes caminos hasta que por fin encontró la firma necesaria. Ese fue un día de victoria.

Miles de personas esperaron desde temprano la opción para ser los primeros que pudieran regresar a sus casas con tan ansiado documento.

Uno de los matutinos de mayor circulación se hacía eco de la emoción en las calles.[1] Miles de inmigrantes sin papeles que residían en California podían obtener ese día su licencia para conducir. Y todos hacían énfasis en los casi 1,5 millones de personas que en esta región estaban calificados por la nueva medida.

Las multas y la confiscación de vehículos que los sin papeles sufrían a diario parecía que llegaban a su fin, como también los miles de dólares, las horas de penurias y la manera en que eran requisados cuando los paraban.

Las oficinas de tráfico de todo el estado amanecieron abarrotadas por cientos de personas ansiosas de recibir su permiso cuanto antes.

Conocemos a muchas personas que creen que ser un inmigrante feliz es cambiar papeles o leyes. Aquí se hizo el cambio. La legislatura, con apoyo del gobernador y las fuerzas vivas de la ciudad, apoyó que los indocumentados pudieran tener su licencia.

Esta es una noticia que trae felicidad. Supongo que deberíamos tener a los inmigrantes en las calles y buscando de a montones tener el tan ansiado documento.

Así fue. ¡Setecientas mil personas se presentaron a rendir el examen!

Pero solo ciento cincuenta mil lo aprobaron.

> **La licencia en Estados Unidos funciona como tu documento de mano más importante.**

Este es el momento en que comenzamos a suponer que el gobierno hizo todo lo posible para que nadie sacara ese bendito documento.

O que los jueces sacaron una orden para que nadie pudiera aprobarlo. No. ¡Simplemente los quinientos cincuenta mil, sí, leyó bien, los quinientos cincuenta mil que no aprobaron fue porque se presentaron al examen sin estudiar!

A alguien le preguntaron en la calle qué le había pasado y dijo que en Guatemala era diferente el examen, y que llevaba tantos años conduciendo sin registro que creía que sabía.

Esto se convirtió en noticia nacional.

Univisión sacó la nota en sus noticieros nacionales. La titulaba: «Nervios y malos hábitos traicionan a inmigrantes para sacar su licencia».[2]

Títulos de una realidad acerca de las razones por las cuales quinientas cincuenta mil personas que podrían mejorar sus vidas no lo hicieron. ¿Por qué? Simplemente por su falta de compromiso con su diseño del futuro.

Por eso es que insistimos a los cuatro vientos en que se puede ser un inmigrante feliz si elegimos cambiar nuestra mentalidad de desierto, nuestra mirada de visitante y nuestro paradigma de conquistador.

Y la preparación es fundamental para estos tiempos especiales.

¡Quinientas cincuenta mil personas que no aprobaron!

Es una ciudad completa de personas que tienen más excusas que compromisos.

> **La preparación y el compromiso son los caminos hacia el logro extraordinario y la felicidad.**

Podemos decir que era difícil, que debías saber mucho, o que no entendías el idioma.

Sin embargo, nada alcanza para poder elegir ser alguien más allá de tu historia y tus circunstancias.

La preparación y el compromiso son los caminos hacia el logro extraordinario y la felicidad.

Para alcanzar la felicidad como inmigrantes colonos necesitamos comenzar a aplicar ciertos puntos claves en nuestro diario vivir:

1. Estar preparados: *Con nuestra organización METODOCC entrenamos y ayudamos en su preparación a miles de inmigrantes que desean algo mejor para sí mismos.*[3]

Y en todos estos años de haber visto a muchos triunfar, pero también a muchos fracasar, pudimos encontrar la receta para que un inmigrante pueda cruzar la brecha hacia ese futuro que desea con todo el corazón.

Aquí lo expondré brevemente, pero si deseas más profundidad o ayuda en la aplicación no dudes en buscarnos y con nuestro equipo de coaches de vida estaremos listos para servirte.[4]

Ir hacia el futuro no implica solo acciones, sino la manera de mirar y ser que tengo en el camino.

Es como cruzar el puente entre quién eres y quién eliges ser.

Déjame darte algunos consejos para llegar a ser un inmigrante feliz.

2. Tener conversaciones conducentes: *Tus palabras deben conducir a la visión. Eres lo que hablas.*

Lo que no está en tu lenguaje no existe. Del mismo modo que aquello que está en tu lenguaje corporal, verbal y emocional es lo que te conducirá hacia el lugar que eliges ir.

Si vives hablando del pasado o quejándote o cualquier otra cosa que no tiene que ver con quién eliges ser, te costará llegar.

Por eso debes hablar de tu visión.

Debes hablar del futuro. La conversación que tengas tiene que «conducir» a la meta.

Perdemos mucho tiempo hablando de cosas que no conducen a nada.

¿A qué te conduce lo que hablaste hoy? ¿Te lleva a un lugar poderoso?

Recuerdo la vez que tuve que renovar la licencia de conducir.

Llegué a la oficina de gobierno que se ocupa de ese trámite en donde vivo.

Al entrar sentí, como todo inmigrante en una oficina de gobierno, que no habría problema.

Me alisté para eso.

No sé si saben pero yo soy de origen argentino. Con todo lo que eso implica.

La cultura de mi nación de origen incluye pinceladas españolas e italianas, y su fervor para decir las cosas.

¡A veces solo gesticulamos por costumbre!

Cuando me acerqué al mostrador lo primero que la mujer me dijo fue: «Le falta tal papel».

Mi primera reacción fue decirle que estaba equivocada, que le había entregado todo y que estaba habilitado para el siguiente paso del trámite.

Ella me miró y me repitió que me faltaba un papel.

Allí pensé por un rato de manera objetiva lo que me estaba diciendo y vi que lo que me decía podía ser cierto. «Tiene razón señora, disculpe», le dije. «¡Ahora sí lo voy a ayudar!», me respondió.

Mi primer modelo de conversación conducía al fracaso, no a sacar la licencia. Mi segundo modelo generó relación con la persona que tenía frente a mí.

A veces decimos cosas con fundamento, pero que no conducen hacia donde queremos ir.

Ser un inmigrante feliz es tener conversaciones que me conduzcan hacia donde me comprometí a ir.

Cuando uso mi lenguaje para describir lo que pasó o para justificar lo que no pasó, no estoy usando el lenguaje para ir hacia donde quiero ir.

Debo prepararme para ser más poderoso en lo que hablo.

Al mirar la vida desde donde viene, todo mi ser se preparará para eso.

Si el maravilloso don que Dios me dio de poder observar todo a mi alrededor y dentro de mí lo uso para hacer observaciones limitantes, o para observar lo que no se puede, o para ampliar mi observación de mis debilidades, «ser un inmigrante feliz» y su actitud de vida estarán lejos de mí.

Si en cambio tengo una observación aguda de quién elijo ser, mis emociones, mis pensamientos y hasta mis circunstancias se alinearán con eso.

Y con pasión y optimismo miraré la vida y a quienes me rodean buscando ser una posibilidad para mi comunidad, buscando ser un protagonista y no un espectador.

Una observación aguda te ayudará a hablar palabras correctas y actuar hacia el futuro.

El lenguaje es el vehículo que te fue dado para generar hacia dónde quieres ir.

Si lo usas solo para contar lo que pasó o describir lo que pasa, no estarás desarrollando aquello que va a pasar.

> **Si en cambio tengo una observación aguda de quién elijo ser, mis emociones, mis pensamientos y hasta mis circunstancias se alinearán con eso.**

Las conversaciones no solo deben ser generativas, sino también conducentes. Que te conduzcan hacia el futuro que diseñas, hacia el inmigrante colono que hoy estás dispuesto a ser, hacia la vida extraordinaria que estás comprometiéndote a darle a tu familia. Una buena manera de hacer mejor tu día de hoy es preguntarte: *¿Me sirve la conversación que estoy teniendo para el futuro poderoso al que quiero ir?* Y si te percatas de que no te conduce, ¡empieza a construir una nueva!

3. Hacer observaciones agudas: *Observa la vida desde el optimismo y la construcción del futuro. Mírate, fuiste hecho con la cabeza hacia adelante. Alguna razón debe haber.*

Observar la vida desde la limitación de la realidad en que vives hará que mañana sigas viviendo en la misma realidad. Necesitas ampliar tu manera de observar. Necesitas comenzar a mirar desde tu sueño, desde tu llamado, desde tu propósito, desde tu visión.

Hay mucha gente en el mundo hoy preocupada por lo que sabe o por lo que hace, pero dándole poca importancia a lo que ve. Y llegó el tiempo de ver más.

La manera de tener una observación aguda es comenzar a mirar mi familia, mi trabajo, mi propia vida, desde la visión de hacia dónde quiero ir y desde mis compromisos de llegar allí. Observar de manera aguda es ver lo que otros no ven por estar tan preocupados en la reacción cotidiana. Lo que te hará un inmigrante feliz es poder mirar más profundo y darte cuenta de oportunidades que antes dejabas pasar por no estar comprometido a generar una nueva realidad y solo estar comprometido a quejarte describiendo lo que te pasaba. Pero en este tiempo nuevo en el que estamos incorporando una manera de ser poderosa necesitamos observar más.

Para hacerlo, comprométete con ese futuro que quieres construir. Seguro que verás la manera de llegar allí. Puede que también la observación aguda te muestre cosas de ti que no te gusten, o áreas que sabes no te llevan a ningún lado. Trabaja con ellas. Cuando tengo futuro, cuando sé hacia dónde ir, puedo aprender de todo pasado y de toda limitación. Y observar de manera aguda me ayudará a no cometer los mismos errores.

¿Has estado con dos personas en el mismo lugar que ven cosas diferentes?

Esto sucede porque no vemos las cosas como son, sino las vemos como somos.

Uno observa teniendo en cuenta quién es y no solo lo que hay. No vemos las cosas como son, las vemos como somos.

Observar diferente es levantarte esta mañana y observar la vida desde la posibilidad.

Dejar de ser un espectador de lo que pasa afuera y comenzar a ser un protagonista de tu destino. ¡Recuerda que ya no importa tanto de dónde vienes sino adónde estás comprometido a ir!

> **Comprométete con ese futuro que quieres construir.**

Y aceptar el desafío. Como nuevo colono de una nueva tierra te haces parte de ella y uno con todos aquellos que vivían en ella antes que tú. Y observamos desde la entrega y desde lo que podamos dejarle a las generaciones futuras.

4. Realizar acciones poderosas: *Actúa, pero no de manera tibia. Haz algo que cambie el ritmo cotidiano de las cosas. Algo que le dé a tu vida una nueva manera, un nuevo empuje.*

Los inmigrantes que se mantienen espectadores de la vida usan su tiempo en quejarse por lo que no pasa y justificar lo que no pasará.

Un inmigrante feliz es aquel que cada día marca una diferencia en su medio ambiente.

Que va por más... Hasta en los pequeños detalles. No necesitas tener algo importante para hacer algo grande. Cada detalle se convertirá en importante cuando uno determina ser un protagonista.

Hoy es el primer día del resto de nuestras vidas y tenemos que romper con la recurrencia del pasado, de la historia, de nuestros pensamientos limitantes y de todo aquello que nos empuja hacia atrás.

Tengo que cantar una nueva canción, anotarme en ese curso de inglés que vengo postergando, hacer esa llamada para abrir nuevas posibilidades que hasta ahora no he hecho. Acciones poderosas. No solamente acciones.

Muchas personas quieren traer a su vida cotidiana el resultado extraordinario cuando deben llevar la vida hacia el nuevo modelo.

Seguramente todo alrededor está del mismo color. Y los sentimientos de impotencia o de no poder estarán allí. Quizás camines en medio de gente que no te entiende. Quizás muchos te digan que no vale la pena. No importa, tú sigue. Cuando uno se compromete con acciones poderosas y persevera en ellas, las cosas comenzarán a verse desde la visión y no solo desde el pasado. Piensa con detalle sin importar la edad que tengas: «Yo tengo más futuro que pasado. Un futuro que he decidido forjarlo aquí. Y entregarle lo mejor que tengo a esta nación que me cobijó». Comienza a hablar desde la acción poderosa, desde el futuro que visionas, desde quién eliges ser, y anímate a hacer cosas nuevas que hasta ahora no hiciste.

Cuando veo que las circunstancias o las personas buscan llevarme para atrás empujo más fuerte hacia adelante. Acciono poderosamente hacia el logro. Y si eso significa que duermas menos, que así sea. Y si significa ingresar en espacios de incomodidad, bienvenidos. Las acciones poderosas de un inmigrante feliz, conforme a una actitud de nuevo colono y un corazón comprometido con diseñar un futuro para él y su comunidad de bendición, son las que cambiarán tu medio ambiente.

¿Qué harías que hasta ahora no hiciste y que generaría aquello que hasta ahora no tienes?

Hoy es el día...

5. Incorporar habilidades: *Conocemos a muchos que están listos para triunfar, pero no preparados. Prepárate.*

Busca incorporar aquellas habilidades que te faltan.

Un inmigrante conquistador basa toda su energía en lo que sabe hacer. Un inmigrante feliz, nuevo colono de una tierra de bendición, hace lo que sabe que debería hacer.

No siempre las habilidades que traemos nos sirven para quiénes elegimos ser. Quizás necesitamos nuevas herramientas en el lenguaje, en la manera de relacionarnos, en vivir la nueva cultura. Quizás necesitamos aprender contabilidad, o el manejo de impuestos, o las leyes que nos protegen. Quizás necesitemos volver a la escuela y avanzar al siguiente nivel porque el que tengo no alcanza, quizás tengo que aprender el idioma.

Prepararse es clave para el diseño del futuro. No puedo lograr nuevos resultados con viejas maneras. Necesito incorporar nuevas habilidades que me permitan llegar a ser quién elijo ser.

Un inmigrante feliz diseña hacia dónde quiere ir, se compromete con ello y comienza a cruzar la brecha entre quién es y quién elige ser. Y en el camino va aprendiendo nuevas habilidades que le permitan crecer en su cometido.

Pongamos todo el empeño en prepararnos y adquirir nuevas capacidades en el rubro que sea para lograr lo extraordinario en nuestro medio. Miremos con ojos de ciudadanos y no de visita. Pensemos en el país que nos cobija como nuestra nación y estemos agradecidos a Dios por la gran posibilidad de una tierra de bendición.

Incorporar habilidades es un paso fundamental en el camino al éxito. No se incorporan habilidades cuando está todo hecho, sino se hace todo cuando hay nuevas miradas, nuevas acciones y nuevas habilidades para un nuevo tiempo.

Muchos en medio de vicisitudes argumentan que no tienen tiempo o dinero para incorporar nuevas maneras. Pero eso es una excusa. Lo que no hay es compromiso. Aunque suene duro, y con esto no pretendo hacer un juicio de las personas. Todos hemos estado en esa situación de darle el crédito a la falta de tiempo por no tener los resultados o aquello que buscamos lograr. Por eso es importante incorporar habilidades que me lleven allí.

> **Un inmigrante feliz diseña hacia dónde quiere ir, se compromete con ello y comienza a cruzar la brecha entre quién es y quién elige ser.**

Y no solo habilidades manuales, sino habilidades relacionales. He impartido en los últimos años entrenamientos para miles de personas, ayudándolas a tener un lenguaje poderoso y a poder desarrollar una gestión efectiva desde quiénes eligen ser y no desde quiénes eran.

Y sé positivamente que cuando te comprometes a incorporar nuevas habilidades y vas por ellas en medio de la corriente, perseveras a pesar de las circunstancias y no claudicas en la tormenta o en el desánimo, llegará un día en que al mirar hacia atrás verás a tu familia unida, a tus hijos educándose y a ti yendo a trabajar con gozo en un país de oportunidades.

¿Has conocido a personas que solo hacen lo que saben? Muchos no logran progresar porque buscan hacer lo que pueden y no lo que eligen.

El mundo de hoy es de los valientes que buscan hacer más aún de lo que hasta ahora hicieron.

El secreto para lograr más es dejar de querer hacer solo lo que sé y empezar a hacer lo que no sé hacer.

Entrenémonos para triunfar

1. Elige tres de las características que mencionamos que crees te pertenecen.
2. ¿Qué acciones te comprometes a realizar en estos días para cambiar de conquistador a colono? Llévalas a cabo con esmero y sin importar las circunstancias.
3. Escribe en el foro acerca de esta experiencia y comparte con los demás las elecciones para dejar de ser un conquistador y comenzar a ser un colono de una nueva tierra. Solo tienes que ingresar a www.seuninmigrantefeliz.org/foros.

Capítulo 7

SOLUCIÓN 1: UN INMIGRANTE FELIZ DISTINGUE MÁS

S aberlo todo ya no alcanza. Necesitas comenzar a distinguir más. En el libro que escribí junto con mi esposa Laura, *Logra lo extraordinario*, hablamos profundamente acerca de lo que es una distinción.[1]

Existe una gran diferencia entre saber y distinguir.

Hemos pasado siglos invitando a las personas a adquirir más y más conocimientos para saber acerca de todo lo posible, y hoy nos encontramos con muchos sabelotodos de un mundo que ya no existe. Saber ya no alcanza. Necesitamos ver más. Distinguir más.

¿Sabes que todavía hay tribus de África, en estos tiempos del siglo veintiuno, que cuando ven pasar aviones creen que son pájaros? ¿Es que no los ven? Sí los ven y muy bien, y los oyen. Simplemente no tienen la distinción «avión».

Algunos inmigrantes no han llegado a lograr lo extraordinario en sus vidas porque quizás todavía no pudieron distinguir conceptos o maneras que los ayudaran a progresar.

Trabajan y trabajan, hacen y hacen, buscan conocerlo todo en el campo al que decidieron dedicar sus vidas, pero no pueden llegar al siguiente nivel. Y mucho tiene que ver con no poder distinguir. No poder ver por dónde viene el fluir de bendición para sus vidas.

Lo ven y viven en medio de él, pero no lo distinguen.

Estamos en un tiempo en el cual no solo debemos saber más, sino distinguir más.

¿Qué es una distinción?

Una distinción es la diferencia que hace que dos o más cosas sean distintas. Es la acción de distinguir. Cada vez que hacemos una distinción separamos un determinado fenómeno del resto de nuestras experiencias; separamos una figura de un fondo. Vemos las cosas de otra manera.

Creemos que el siglo veintiuno es el tiempo en el que no basta con saber, que debemos estar ocupados y comprometidos con lo que vemos y lo que no vemos. El METODOCC está diseñado para ayudarte a ver lo que no ves, a fin de poder trabajar tus puntos de ceguera de modo que incorpores nuevas observaciones al distinguir nuevas cosas, nuevos espacios, nuevas oportunidades. Uno puede olvidarse de algo, pero lo que ve no puede dejar de verlo. Además, la manera de mirar y la manera de distinguir lo que me rodea es lo que me hará la persona que soy, lo que me ayudará a relacionarme con otros, lo que me hará más o menos poderoso ante una situación determinada.

La distinción y el lenguaje están íntimamente relacionados. Lo que vemos lo hablamos, y lo que hablamos lo distinguimos. No nos dedicamos a hablar de lo que no vemos y no distinguimos. Un inmigrante feliz es aquel que habla de la posibilidad, del futuro hacia el que quiere ir.

En la declaración de independencia de Estados Unidos de América existe una frase profunda y con convicción que hace pensar a todos.

Los padres fundadores eligieron poner entre los derechos que esta nación declara el derecho a la búsqueda de la felicidad. Esta no solo involucra al ser humano y cada una de las cosas que pueda necesitar, sino también su actitud y compromiso de servicio con su comunidad, con la tierra que lo cobija.

La búsqueda de la felicidad está en una declaración magna. Que marca y enmarca el lenguaje en el que hablarán las generaciones futuras. Y en ella se nos dice que «la búsqueda de la felicidad» es nuestro derecho. Está en nuestro lenguaje. Y allí es exactamente donde debemos sostenerla.

> **Lo que vemos lo hablamos, y lo que hablamos lo distinguimos.**

Este era el sentir de los fundadores, que invitaban a cualquiera a amar a Dios, a defender sus derechos como ciudadano y a ir en busca de la felicidad personal y comunitaria.

Una buena manera de poder comenzar a vivirla es declarándola, llevándola a nuestro lenguaje y comenzando a distinguirla.

Lo que vemos...

Vemos lo que podemos nombrar. Si no tenemos una distinción, no lo vemos.

Es importante observar las distinciones como tales y no como simples nombres de cosas. Las cosas no tienen nombres, se los damos nosotros. Así que el proceso de darles nombres a menudo las constituye en las cosas que son para nosotros. Lo primero que Dios le pidió a Adán fue que les pusiera nombres a los animales del huerto. Esto le permitiría distinguirlos y de esa manera formarían parte de su mundo.

De acuerdo con lo que distingo es lo que veo, según lo que veo es que estoy siendo, y conforme a lo que declaro, veo y soy.

Por eso deseamos que en este camino hacia el resultado extraordinario incorpores distinciones que de seguro te ayudarán a llegar a la cima y disfrutar el proceso. Las distinciones son obra nuestra.

Al hacerlas, especificamos las unidades y entidades que pueblan nuestro mundo. No podemos observar algo para lo cual no tenemos una distinción. Aunque vemos con nuestros ojos, observamos con nuestras distinciones.

Por lo tanto, dime lo que observas y te diré quién eres.

Distinguir y hacer claves de un nuevo colono

Este es el tiempo de poder hacernos de todas las herramientas que nos faltan para que lo extraordinario sea algo cotidiano en nuestras vidas.

Es un buen momento para preguntarnos: *¿En qué áreas no estoy teniendo resultados? ¿En qué parte de la vida me está costando más? ¿Qué cosas me pasan que aunque trato de conocerlas me vuelven a pasar?*

¡Llegó la hora de distinguir más! ¡Podemos ayudarte! ¡Sé un inmigrante feliz!

Máxima productividad

Una de las distinciones que un inmigrante feliz debe incorporar es su relación con la productividad.

Algunos trabajan solo para ganar un dinero o como un medio para vivir mejor.

En los tiempos que corren hay que ir por el desafío de ser el mejor en lo que estés haciendo.

Y quiero darte unos principios básicos para lograr la máxima productividad:

1. Ejercita el músculo: *Nadie nace destacándose por la productividad, eso es algo que hay que labrarse. Y requiere dos herramientas que ya vimos: visión y compromiso. Un inmigrante feliz es el que cada día ejercita el músculo para ir por más. Entiende que si se duerme, se le atrofia o se le cansa. Y que necesita ejercitarlo. El atributo más grande de un inmigrante feliz es la persistencia, pero con una sonrisa y una actitud de estar siempre creando un nuevo tiempo para él y los que lo rodean.*

Cuando uno crece, y las obligaciones crecen con uno, pareciera que el ejercicio del músculo de lograr la máxima productividad comienza a ser un derecho del equipo o de quienes trabajan con nosotros. Sin embargo, esto es un engaño. El músculo se ejercita individualmente. Con un crecimiento continuo, con una formación continua.

Hay un versículo en las Escrituras que quiero que leas: «No es conforméis a este siglo, sino transformaos por medio de la renovación de vuestro entendimiento, para que comprobéis cuál sea la buena voluntad de Dios, agradable y perfecta».[2]

Para lograr la máxima productividad en tu vida y en la de tu equipo, debes dejar de conformarte al mundo y su sistema de cosas.

Debes dejar de acomodarte en medio de aquello que sabes y que haces desde tiempo atrás.

Lo que debes hacer es transformarte. Y la palabra para transformación en griego es *anakainosis*, que significa «hacer nuevo en calidad». No es un acto que hago una vez y para siempre. Es un estado constante del ser.

Elegir buscar y vivir en máxima productividad debe ser el estilo de un inmigrante feliz. Y desde allí ejercitar el músculo, lanzarte a nuevos desafíos, surfear sobre la ola de las oportunidades y caminar en medio de cada posibilidad que te llegue. Y que cuando eso suceda te encuentres preparado para ejercitar el músculo.

¿Qué deberías hacer para cada día ejercitar el músculo y que hoy no estás haciendo? ¿Para qué propósito? ¿Qué nuevos desafíos eliges lograr para que haya máxima productividad en tu vida? La visión no es solo un sueño. Es sueño más acción, más pasión. Debes ejercitar el músculo. Al principio puede dolerte. Para eso trabaja la tensión creativa. El estiramiento te servirá para llegar más lejos.

Ser un inmigrante feliz es cada día levantarse con la frente en alto, buscando que la visión por un mañana mejor y la actitud de ir por ello formen parte cotidiana de nuestro desayuno. Es poder cada día, a pesar de lo que pase fuera, ejercitar el músculo de ir por más, de dar lo mejor en nuestro trabajo, de pensar cada día en todo lo que podemos darles a nuestros hijos.

El no conformarnos, aunque todo alrededor nos diga lo contrario, nos llevará a que podamos alcanzar nuestras metas.

2. Busca el doble: *Ejercitar el músculo es una tarea cotidiana que viene acompañada por la técnica de buscar el doble. Me gusta preguntarme qué es el doble de lo que estoy haciendo y cómo puedo hacerlo en la mitad del tiempo. Eso me ayuda a estirarme, a buscar en mi mente nuevas alternativas y a ver con mayor claridad lo que me falta.*

Hemos aprendido a vivir en nuestras zonas de confort, en nuestras zonas de comodidad. Aunque esto signifique seguir yendo al mismo trabajo de hace treinta años que no me gusta o seguir estando una hora en el tráfico, parado y tensionado. Las zonas de comodidad no siempre son zonas de bendición. Es más, la gran mayoría de las veces son zonas de angustia o ansiedad. Sin embargo, como creemos que es eso lo que tenemos que vivir, solo buscamos una excusa o justificación para pasar por ello con el menor sufrimiento posible. Buscar el doble es un ejercicio cotidiano que nos permitirá como inmigrantes lograr una felicidad cotidiana y convertirnos en colonos de un nuevo tiempo.

> **El no conformarnos, aunque todo alrededor nos diga lo contrario, nos llevará a que podamos alcanzar nuestras metas.**

Es entrar en zonas de expansión y de riesgo que me permitirán estirar mi intelecto, mis sueños y mis propios desafíos. Dedicar cada día a poder desarrollar pensamientos de cómo lograr el doble de resultados en mi trabajo, en mis relaciones, en mi vida espiritual, en mi familia y en mi cuidado personal me ayudará a generar ese estiramiento que la máxima productividad necesita para llevarme a vivir una vida diferente.

Cuando cuantifico por el doble los primeros pensamientos que mi mente genera, serán de imposibilidad y seguro me invitarán a describirlos o valorarlos.

Cuando voy por el doble, mi mente me dice que es imposible. Mucho más si me está costando el nivel actual. Eso es automático. Nos sucede a todos.

Entonces es cuando debe aparecer un inmigrante feliz. Nuevo colono de un nuevo tiempo.

No te dejes amedrentar por esos pensamientos, entiende que siempre aparecen. Son como un mecanismo de defensa del organismo. Debo salir del estímulo automático producido por la ley de la gravedad. Esta ley hace que todo cuerpo sea arrastrado hacia el centro de la tierra. Cada vez que saltas, algo hace que rápidamente caigas. Lo mismo sucede con las ideas, con la productividad, con los desafíos. Cuando te propones llegar a lugares más elevados, cuando intentas ir al siguiente nivel en tu carrera y en tus opciones, algo te jalará hacia el centro de la tierra. Es en ese momento cuando debes elevarte por tu compromiso y tu visión del futuro.

Para ello es clave reconocer los propios compromisos, entender que no son con otros, sino con uno mismo, y sostenerlos. Darse la oportunidad de crecer saliendo de la zona de comodidad.

Para lograr el doble, debo conocer lo que llamamos en METODOCC «las herramientas de ofensiva». El lenguaje, para los que accionan hacia adelante, es una herramienta fabulosa que les permiten crear.

3. Enfócate: *Sin focalización, la conciencia se halla en estado de caos. Por ello debes enfocarte en la meta y fluir.*

Conozco el caso de un profesor que deseaba poder mantener su mente concentrada y sin embargo la veía a diario irse por diferentes tipos de pensamientos. Intentaba llevarla al control y la focalización, pero siempre salía disparada hacia diferentes pensamientos.

Un día descubrió que un metrónomo (elemento que sirve para medir los compases musicales) le podía servir para mantener la mente pensando en una sola cosa. Así fue que muy temprano en la mañana decidió usar el metrónomo como un experimento personal para entrenar su mente a mantenerse fija en una cosa.

Ante cada movimiento del metrónomo se comprometió a mantener su foco en la palabra Dios. Pensaba en Dios cada vez que la máquina se movía. Al quinto o sexto movimiento seguía viendo que su mente saltaba disparada a divagar sobre otras cuestiones. Probó día tras día hasta que poco a poco logró adiestrar su mente y mantener el foco en lo que él quería que estuviera.

Una buena forma también es ponerle un tiempo a la focalización. El poder medir la profundidad de la misma y la distancia te ayuda mucho más en momentos en los que pierdes el control.

En un mundo que te invita a pensar en múltiples tareas desde la mañana temprano, aprender a enfocarte en una sola cosa te llevará hacia el éxito. No significa que no puedas hacer muchas cosas en tu día, pero tenemos que aprender a hacerlas de una en una. Enfocarse te mantiene lejos de la procrastinación y la ansiedad. Y es un ingrediente esencial para la máxima productividad que un inmigrante colono debe tener con el fin de lograr los resultados que eligió.

> **Aprender a enfocarte en una sola cosa te llevará hacia el éxito.**

4. Persevera: *La perseverancia es una de las herramientas más poderosas para lograr la extrema productividad. Ya hablaremos más de la perseverancia. Pero un inmigrante feliz que desea máxima productividad necesita pensar y repensar en la perseverancia.*

Perseverar es mantenerse constante en, adherido a, siempre listo para. No puedo perseverar si tengo puesta la mira en el ayer o si no tengo una visión del futuro. La perseverancia se nutre del mañana.

Para invitar a nuestro equipo, a nuestra organización, a nuestra familia, a nuestra comunidad a llegar a lugares que hasta ahora no ha llegado y lograr aquello que hasta ahora no ha logrado, debo ayudarles a mirar hacia adelante y perseverar.

Un equipo comienza a ser poderoso y vive su triunfo cuando ante la adversidad sabe con certeza hacia dónde ir.

El mundo de hoy invita a tener la mirada en el ahora y solo en el ahora. Se triunfa cuando se sale de esa posición.

Si miras a tu alrededor, la gran mayoría de los jóvenes tienen conciencia del hoy, pero no la tienen del mañana. Perseverar es comenzar a desarrollar, llevar adelante y transferir al equipo la conciencia del mañana.

No solo es estar preocupado por la experiencia de hoy, sino con la visión en lo que va a venir, en lo que está viniendo, en aquello que elijo para mi vida y la de mi gente. No podemos dejar de perseverar.

5. No escuches las sirenas: *En medio de la travesía seguramente tendremos momentos en los que las cosas no sucederán como queremos.*

Es en esos momentos que somos invitados a cambiar el rumbo, a achicar nuestras metas, a no llegar a donde nos propusimos.

Cuenta la mitología griega que Homero iba en su barco pasando por el sitio donde estaban las sirenas.

Buscaba en su travesía llegar nuevamente a su tierra. El mar estaba embravecido y las olas medían gran altura. El barco se movía impetuoso, pero eso no era lo más grave. Podían morir allí mismo. Las sirenas engañaban y detenían a los marineros que por allí pasaban y los detenían en su marcha a la meta. Las circunstancias eran gravísimas, aunque peor era dejar los oídos abiertos a las damas del agua.

Para llegar al siguiente lugar debía hacer que ninguno de sus marineros escuchara a las sirenas. Aquel de ellos que lo hiciera quedaría petrificado.

Así que se ató al barco y puso cera en los oídos de sus tripulantes.

De ese modo ninguno escucharía a las sirenas, solo él, y no se tiraría tras ellas por estar atado.

Hay inmigrantes que se quedan en la mitad de la travesía por escuchar a las sirenas. Hermosos y bellos cantos de otros lugares que buscan que te detengas, que te entregues, que no sigas en tu travesía, que vuelvas atrás.

Los hombres no tenían oídos para las murmuraciones de las sirenas y solo se dedicaban a trabajar de manera esforzada para llevar el barco a tierra firme. Homero tenía sus oídos libres. Podía escuchar todo lo que las sirenas decían. Pero estaba atado a lo que lo llevaría hacia su futuro. Si escuchas, átate a tu visión. Si no escuchas, dedícate a esforzarte más y más para llegar rápido a la siguiente costa.

¿Quiénes son las sirenas que te hacen dejar el barco o desenfocan a tus marineros? Átate al barco y ponle cera en los oídos a los de tu equipo para que no se desenfoquen.

6. Hazlo de nuevo: *Otro de los principios que te ayudará a ser un inmigrante feliz es comprender que el mundo de hoy corre muy rápido. Corre tan rápido que muchas veces lo que sucedió esta mañana es viejo, es obsoleto, es olvidado. Hay personas que se preocupan de buscar nuevas maneras de hacer las cosas para lograr la máxima productividad porque ayer intentaron un modelo y no les funcionó.*

Por eso es bueno hacer las cosas varias veces.

No nos conformemos con el hecho de que llamamos a tal o cual persona ayer, que eso es suficiente. Llámala de nuevo. Antes la opción era que te respondiera o no. Hoy existe otra opción, tal vez desea responderme pero no tuvo tiempo, o tuvo que hacer otras cosas que la hicieron dejarlo para luego. Si la llamaste ayer, llámala hoy. No creas que todo lo que pasó ayer es verdad. Es solo una circunstancia.

Hacer las cosas varias veces te ayudará a ver las diferentes posibilidades que hay y las diferentes personas que pueden aparecer en diferentes momentos. En un mundo que gira y gira, es clave poder hacer las cosas que te darán el éxito más de una vez.

7. Haz cosas nuevas: *Y el último punto para lograr la máxima productividad como un inmigrante colono que diseña un futuro extraordinario está en hacer cosas nuevas.*

Haz cosas que hasta ahora nunca hiciste. Nos gusta poder generar espacios de pensamiento lateral con aquellas organizaciones que trabajamos.

No dejar lo que estamos pensando o haciendo, sino buscar modelos que nos permitan ver lo que hasta ahora no vimos. Plantearnos técnicas que nos permitan innovar. Hacer cosas nuevas.

Pero para hacer cosas nuevas hay que verlas primero.

Usamos el *brainstorming*, o tormenta de ideas, para preguntarnos cómo hacer cosas nuevas. O nos imaginamos qué haríamos en nuestro trabajo si usáramos los modelos y las formas que emplean quienes triunfaron en otros trabajos o en otros modelos de gestión.

Innovar no implica dejar todo. Es irle agregando a lo que hacemos nuevas maneras de hacerlo, o nuevos espacios donde lo hacemos, o nuevas formas de comunicar lo que hacemos.

Pregúntate: *¿Qué podría hacer que hasta ahora no hice? ¿Cómo lo harían las personas que han tenido éxito? ¿Qué otra cosa puedo hacer que no hice nunca?* Observa cada negocio que no sea el tuyo, en otros dominios, e intenta llevar sus modelos de éxito al tuyo. Innovar nos permite seguir creciendo. El éxito se revela muchas veces cuando nos permitimos crear.

> **Haz cosas que hasta ahora nunca hiciste.**

Ser un inmigrante feliz implica cada día desafiarte a la máxima productividad. No simplemente para tener nuevos resultados, sino para el logro constante de ir por más, de crecer, de ser quien fuiste llamado a ser, de cumplir tu propósito.

Entrenémonos para triunfar

1. Comienza hoy el desafío de la máxima productividad. Elige el doble de lo que puedas hacer en cada área de tu vida.

2. ¿Qué acciones te comprometes a realizar en estos días para cambiar de conquistador a colono? Toma nota durante una

semana completa de cada uno de los principios para la máxima productividad que estás llevando a cabo. Llévalos a cabo con esmero y sin importar las circunstancias.

3. Escribe en el foro acerca de esta experiencia y comparte con los demás las elecciones para dejar de ser un conquistador y comenzar a ser un colono de una nueva tierra. Solo tienes que ingresar a www.seuninmigrantefeliz.org/foros.

CÉSAR MILLÁN. «DISTINCIÓN: PERSEVERANCIA»

César Millán llegó de México de manera ilegal. Durmió en las calles, comió lo que se encontraba y lavó todo tipo de carros. Pero a pesar de las circunstancias siempre confió en que iba a lograr algo mejor.

Mientras lavaba una limusina, su dueño, un millonario californiano, le pidió que le cuidara también los perros.

Al regresar vio cómo César los había entrenado para que obedecieran a su amo. Mientras había vivido en México había aprendido a observar a los animales en el campo y estudiaba su comportamiento. Esto le sirvió para convertir ese día en su gran oportunidad.

El magnate recomendó a César a otros como entrenador de perros, y así comenzó su escala a la fama.

Hoy vende millones de ejemplares de sus libros y sus programas son vistos por muchísimas personas. Pero todo resultó de tomar la decisión de no dejarse definir por sus circunstancias, sino de ser el protagonista de su futuro. Un inmigrante feliz es un nuevo colono de una nueva tierra en la que se mantiene perseverando y comprometido con su futuro. César Millán es un ejemplo de eso.

El éxito no hubiera llegado si él no hubiera estado allí con todo su ser limpiando la limusina y dando lo mejor para el dueño y sus perros.

Capítulo 8

SOLUCIÓN 2: INTERPRETACIONES QUE SIRVEN

Si vas a salir a la vida a ganar y a convertirte en un inmigrante feliz que influencie a su comunidad y su familia, déjame contarte uno de los grandes secretos de este tiempo.

La mitad de lo que ves es un hecho. La otra mitad es la interpretación del hecho.

La realidad no es una sola como se creía hace siglos atrás, cuando se pensaba que uno estaba capacitado para buscar la razón de todo y que al encontrarla se encontraría la realidad absoluta.

Hoy ya sabemos que esto no es así.

Lo que hemos denominado «realidad» es mitad hecho, mitad interpretación del hecho. Cuando crees que todo lo que ves es la realidad absoluta. Cuando piensas que la realidad es una sola. Cuando crees que solo es cuestión de entender la razón de algo, te estás perdiendo el camino más secreto e importante para ser un inmigrante feliz.

La realidad no es una. La mitad de la realidad es el hecho que vives, la otra mitad es la manera en que lo interpretas.

Y allí estará tu éxito futuro. Busca comenzar a tener interpretaciones poderosas que te lleven hacia quién eliges ser.

En este capítulo estudiaremos una de las herramientas más poderosas que conocí en mi vida.

La clave no se encuentra en lo que me está pasando, sino en cómo me relaciono con ello.

La mitad es el hecho concreto de lo que pasa, pero la otra mitad, y la más importante, es la interpretación que le doy a lo que me está sucediendo.

Lo primero que debo saber para llevar adelante nuestro sueño de ser inmigrantes felices es que las interpretaciones que les demos a los hechos que nos pasen tienen que estar alineadas con el futuro que diseñamos vivir, con aquello que elegimos ser.

Para esto hay que cambiar paradigmas.

Hay que cambiar pensamientos.

Una interpretación poderosa para ir hacia un futuro de éxito es comprender que lo importante en este tiempo es que tengamos preparada nuestra mente para lo que vendrá.

No importa desde dónde vienes.

Hay algunos que vienen de situaciones difíciles. Y que viven esos hechos como verdades que los limitan, que los marcan, en vez de darles una interpretación poderosa conforme al futuro que desean vivir.

Vas a salir a la vida a ganar y a convertirte en un inmigrante feliz que influencie en su comunidad.

A veces se quedan agarrados de ese pasado y solo hablan de él como la realidad que pasó y la realidad que nos condiciona para el futuro. Pero esto no es así. Aunque haya sido muy dura la experiencia

Quiero que analicemos una experiencia de alguien que tuvo la oportunidad de creer que la realidad lo limitaba y que era una. Y que podía quedarse quejándose de un pasado terrible.

¡Un inmigrante al que le pasaron todo tipo de cosas!

Esta es una de las historias más desgarradoras de un inmigrante.

Fue vendido como esclavo, abusado sexualmente, arrojado a la cárcel por crímenes que no había cometido, engañado, algunos tardaron años en cumplir las promesas que le hicieron.

Un inmigrante que cada día luchaba en su interior pensando si era solo un refugiado, un extranjero en una nueva tierra o un inmigrante con la mirada en un futuro de poder.

Yo no sé si te vendieron tus hermanos y te dejaron en medio del desierto. Yo no sé si cuando llegaste lo primero que te sucedió fue que la esposa de tu jefe quiso abusar de ti. Yo no sé si los primeros años en la nueva tierra los pasaste en la cárcel.

Pero sí conozco a un inmigrante al que le pasaron todas estas cosas.

De joven había visto su futuro, y mirar hacia adelante lo alentaba. Cada vez que podía se convertía en una posibilidad. No importa dónde se encontrara o en qué situación. Siempre venía de quién elegía ser y no solo de quién las situaciones adversas le hacían creer que debía ser.

Su nombre era José.

Fue un inmigrante bajo presión. Él no eligió. Pero sabía que su vida tenía un propósito.

Aunque hubo un momento cuando sí tuvo que elegir. Si iba a ser su pasado o su futuro.

Sabía que no podía cambiar las circunstancias que le estaban aconteciendo, pero sí podía cambiar la manera en que se relacionaba con esas circunstancias.

Decidió si iba a dejar que el problema fuera una constante en su vida y en su lenguaje, o si se convertiría en una posibilidad para millones de personas.

El relato nos enseña que luego de haber pasado todas las penurias que les he relatado; luego de muchos años de estar fuera de su casa de origen; después de haberle dado lo mejor a Potifar y, sin embargo, haber terminado en la cárcel; después de haberle pedido ayuda al copero y que esta viniera dos años más tarde; y mucho tiempo después de haber visto a sus hermanos por última vez cuando lo metieron en un pozo y lo vendieron, tuvo la gran oportunidad de volver a juntarse con ellos.

Era un día común. Un día como hoy. Los grandes eventos en tu vida sucederán también en días comunes.

Hay algunos que tomaron este libro en un día común.

Pero puede convertirse en el primer día del resto de tu vida. En un día extraordinario.

En un día común en la vida de José simplemente escuchó las palabras: «El faraón te busca...».

Como muchos de nosotros, que esperamos ese gran día para tener ese trabajo, para tener esa documentación, o para tener esa circunstancia. Ese día llegó a la vida de José.

Él estaba en la cárcel. Injustamente. Y sin familia. En medio de la oportunidad, él podía haber usado ese momento para quejarse o para llorar por todo lo que le estaba pasando.

Si él tuviera la costumbre de muchos de solo hablar del ayer, seguramente hubiera usado ese tiempo para contar lo que le pasó, y no generar lo que deseaba que pasara.

Él podría haber dicho: «Yo he sido injustamente traído a esta tierra».

Pero nada de eso sucedió.

La Biblia nos menciona que cuando el faraón llamó a José lo sacaron de donde estaba apresuradamente.

Y también nos menciona una de las particularidades más profundas que influyeron en el futuro de José como un inmigrante de influencia en la nueva tierra, así como un principio que él aplicó y que podemos aplicar nosotros para ser inmigrantes felices e influyentes.

Dicen las Escrituras que antes de presentarse frente al faraón se «afeitó».

Esto, en términos occidentales, pareciera que no es tan importante.

Desde nuestra mirada cultural creemos entender que antes de que José se presentara frente a la gran oportunidad de su vida se higienizó. Se peinó, se afeitó, se duchó.

Pueden ser muchas las acepciones que le demos a ese término cuando lo leemos. Pero en Oriente era mucho más.

En términos orientales lo que estaba diciendo José era: «Desde hoy en adelante seré una posibilidad en esta tierra». «Desde hoy en adelante cambiaré mis paradigmas, cambiaré mi cultura, cambiaré mi mentalidad». «Desde hoy en adelante voy a mirar hacia el futuro y no hacia atrás».

La barba para los israelitas y sus vecinos no era simplemente un adorno.

La barba significaba virilidad. Era la dignidad masculina.

Era una de las partes que más cuidaba el hombre en aquella época. Formaba parte importante de toda su identidad.[1]

Los hombres cuando se saludaban lo hacían cruzando sus brazos y tomándose de la punta de la barba. Era la manera más directa de decirle al otro que se le consideraba un amigo.

Todavía hoy en occidente es bien importante cómo se saluda.

Si al saludar con un apretón de manos dejo mi mano por encima de la de quien saludo, es una forma de hablarle de mi autoridad sobre él.

Si lo hago con la palma hacia arriba, significa que estoy abierto a la relación, que deseo que tengamos un buen tiempo juntos, le estoy dando la posibilidad de que me lidere. Si lo hacemos cada uno en equilibrio, recto, una mano con la otra, eso está diciendo que somos iguales.

Esto sucede todos los días. Cada vez que estrechamos una mano, con nuestro lenguaje corporal estamos manifestándole al otro el tipo de relación que deseamos tener con él.

En Oriente, el máximo símbolo de amistad en el saludo era tomarse de la barba.

Afeitarse la barba o cubrirla era un signo de humillación, de pesar o de luto.

Cuando leemos en el Antiguo Testamento que Dios se revelaba y prevenía sobre prácticas idólatras, les decía que se cortaran la punta de su barba. Y era la manera en que se quejaba ante estas prácticas.

Los egipcios, a diferencia de los hebreos, solo mantenían la barba como señal de duelo.

Ellos entendían que era algo vil estar con barba, desprolijo, que esa persona se estaba abandonando a las circunstancias y que estas eran tan terribles que nada podía hacer.

La barba para el egipcio era un signo de que «nada más conversaremos contigo que no sea tu problema». Mantener una barba significaba que no había tenido el deseo ni el compromiso de afeitarse o de cuidarse.

¿Qué fue lo que hizo este prototipo de un inmigrante feliz que era José? Se afeitó su barba antes de presentarse al faraón.

> **Voy a adecuarme al lugar donde estoy.**

En el acto de afeitarse la barba estaba diciendo: «Voy a adecuarme al lugar donde estoy».

Y esto no cambiaba de donde él venía, sino su relación con su futuro.

Interpretaciones poderosas

Un inmigrante feliz está dispuesto a adecuarse a su nuevo medio ambiente. A relacionarse con el otro, sea quien sea, de una manera poderosa.

Mientras sigamos viendo a las personas enarbolando las banderas de sus países de origen y no la bandera de su nueva nación, seguiremos teniendo los contextos que hoy nos limitan.

Difícilmente la gente entenderá que se ama esta tierra como propia.

¿Qué será para ti afeitarse la barba?

¿Qué te está faltando hacer para ganar el corazón del faraón, para convertirte en alguien de influencia, para poder ser protagonista de la construcción del futuro en la nación que habitas?

Mientras tengamos nuestra mirada en el ayer, difícilmente la gente se dará cuenta de que ha venido aquí a quedarse. Mientras no me prepare para mi futuro, en mi mente y también en mi cuerpo, este no llegará a mi vida como deseo.

Es un buen momento para afeitarte.

Para quitarte todo aquello que no te permite llegar a ser el que eliges ser.

Para dejar a un lado todas las costumbres que hacen que no puedas presentarte frente a quienes habitaban antes que tú estas tierras y decirles que estás listo para vivir conforme a sus costumbres.

José se afeitó la barba.

Para él era un símbolo de humillación. Sin embargo, entendía que para el faraón no lo era. Los egipcios usaban la cara sin vello.

Comunicación no es lo que yo digo, sino lo que el otro entiende.

A veces estamos tan comprometidos con tener razón que dejamos de estar comprometidos con la relación.

Y hemos llegado hasta aquí como nuevos colonos de una nueva tierra para ser inmigrantes felices que hacen todo aquello que está a su alcance a fin de diseñar un futuro prometedor.

¿No te estará pasando que todavía no estás disfrutando de la vida y de las posibilidades que tienes en esta nueva tierra simplemente porque estás más comprometido con ver lo que le dices al mundo que en ver cómo te relacionas con el otro, cómo lo escuchas, cómo eres una posibilidad?

El relato de José nos da una lección preciosa de cómo debemos ser cuando la oportunidad se presente ante nosotros.

Pero también nos muestra cuál fue su actitud ante las nuevas opciones, ante una vida de opciones que se abrían frente a él.

Leemos también que se encontró en un momento con sus hermanos.

Él ya era poderoso, tenía la autoridad sobre toda la nación.

> **Mientras sigamos viendo a las personas enarbolando las banderas de sus países de origen y no la bandera de su nueva nación, seguiremos teniendo los contextos que hoy nos limitan.**

Ser un inmigrante feliz hace que te conviertas en influencia en donde estés. Y José había llegado bien alto.

Cuando los hermanos de José llegaron a él y se dieron cuenta de que era quien ellos habían vejado, vendido, humillado y maltratado, pensaron lo peor.

Pero no vemos que él les haya recriminado todo lo que hicieron, que los castigara por eso, que buscara venganza.

Muchos no pueden pararse y ser inmigrantes felices porque ven la vida desde sus amarguras.

Ven la vida desde la queja. En vez de mirarla desde su futuro.

Ser un inmigrante feliz, nuevo colono de una nueva tierra, no es cobrarle a tu futuro lo que te quitaron en tu pasado.

Es llegar al futuro con una interpretación poderosa, y mirar desde el amor por el otro.

Cuando se juntó cara a cara con quienes lo habían metido en un pozo y vendido como esclavo, les dijo: «No se entristezcan, ni les pese lo que pasó. Porque todo tenía un propósito para que yo ahora pueda ser quien soy y ayudar a otros, incluso a ustedes».

Él usa unas palabras maravillosas. Les dice: «Para preservación de vida me envió Dios».[2]

Y este es el deseo de Dios para todos los inmigrantes.

Que nuestras vidas sean preservadas, cuidadas, alimentadas, bendecidas.

Hablémosles hoy a todos los que son inmigrantes o van a emigrar y contémosles que hay una posibilidad fabulosa de entender que si Dios los trajo hasta donde están es «para preservación de sus vidas».

Él quiere cuidarte y preservarte. ¡Y esa es una gran noticia!

José le dio una interpretación poderosa a todo lo que le había sucedido.

Los hechos no se podían borrar, pero sí podíamos darles una interpretación poderosa.

El futuro de nuestros hijos, de nuestros parientes y de los egipcios es preservado porque estoy aquí.

Para ser un inmigrante feliz hay que entender que una cosa es el hecho y otra cosa es la interpretación que le doy a ese hecho.

Que cuando hablo del futuro, cuando diseño el futuro, cuando pienso desde el futuro, me puedo convertir en una posibilidad inclusive para los que me hicieron daño.

¿Dónde está tu corazón? ¿Cómo estás mirando la vida?

¿Será que todavía no eres la influencia que fuiste llamado a ser por tener tu mirada puesta en las injusticias, en la quejas, en lo que no sucede, antes que en ser una posibilidad para tu comunidad?

Tú no estás solamente por aquí, lo que pasó puede servir para llegar adonde debes estar y aprender de eso, sacarle una interpretación poderosa y ser de ayuda a millones de personas.

¡Dejemos de ver la vida desde las circunstancias!

Ser un inmigrante feliz significa afeitarse la barba.

Es salir de cada esquema del ayer en la manera de ser, la manera de hablar, la manera de vestirse, y poder presentarte ante tu futuro y que tu futuro entienda que estás listo para ir con él y no solo preparado para contarle quién fuiste ayer.

Y luego, cuando todo te vaya bien, darle interpretaciones poderosas a lo que te ha sucedido.

Recuerda que la realidad que vives está compuesta de dos partes.

La primera mitad es el hecho, lo que te pasa, y la segunda mitad es cómo lo interpretas.

Un buen ejercicio sería tomar nota de todo lo que te ata con el ayer y que tienes que eliminar. Y también, dado el gran futuro al que vas, ver qué interpretaciones poderosas hoy le darás a los hechos que te sucedieron para llegar hasta acá.

Hoy es un buen día para ser un inmigrante feliz. Para despojarte de tus costumbres de ayer y darle una interpretación poderosa a lo que te sucedió para llegar hasta aquí.

Entrenémonos para triunfar

1. Escribe tres hechos que te hayan sucedido. Divide en una lista el hecho concreto y lo que tú opinas de este.

2. Pregúntate cuántas veces la interpretación que tuviste no fue poderosa y no te sirvió para llegar adonde deseabas ir. Escribe conforme a tu visión qué interpretación necesitas tener de la vida para poder lograrlo.

3. Escribe en el foro acerca de esta experiencia y comparte con los demás las elecciones para dejar de ser un conquistador y comenzar a ser un colono de una nueva tierra. Solo tienes que ingresar a www.seuninmigrantefeliz.org/foros.

Capítulo 9

SOLUCIÓN 3: ¡SÉ TÚ MISMO!

Tú eres único y especial.

No fuiste hecho «en serie», sino «en serio».

Algunos viven quejándose de su suerte, su grupo social, su color o su estado económico.

Viven esperando afuera las soluciones para todos sus problemas, porque creen que al mirar para dentro lo que encontrarán no les gustará, será repetido, será poco. El menosprecio, el desánimo, la depresión, han minado la vida de millones de inmigrantes más que los problemas legales. Pero podemos cambiar eso. Debemos tomar conciencia de quiénes somos. Me gusta poder repetirte que fuiste hecho «en serio» y no «en serie».

Todo puede ser una carga o un problema cuando dejo que las circunstancias o situaciones fuera de mí dominen y prevalezcan sobre mis pensamientos y acciones.

Pero cuando comprendo que soy único y especial, empiezo a entender que fui hecho con un propósito, el que debo vivir.

Cada uno de nosotros trae la marca de la singularidad. Si miras en tus dedos encontrarás tus huellas dactilares, las cuales son únicas e intransferibles. Como tu propósito. Como tu propia vida.

Las circunstancias, las historias y mucho de lo que pasamos nos hacen creer que somos parte de una masa, de un grupo que solo tiene que luchar, y que no se sabe quién va a sobresalir. Y no es así. Tú eres un modelo especial.

No hay dos como tú en el mundo.

Por eso debemos comenzar a ser protagonistas de nuestras vidas y no solo espectadores.

Debemos mirarnos al espejo y darnos cuenta de que estamos hechos en serio. Con un propósito, con un sentido.

Por mal que nos haya ido, por más mal que hayamos hecho las cosas, por menos posibilidades que creamos que hemos tenido, por insignificante que nos parezca nuestra vida en relación con los desafíos, igualmente, a pesar de todo, tú eres especial. No hay dos como tú. Y eso no es porque sí. Tienes un propósito.

> **No fuiste hecho «en serie», sino «en serio».**

Hay un sentido singular y especial en tu existencia que debemos descubrir y elegir.

Si me paso el día tratando de correr detrás de las circunstancias, probablemente viva reaccionando a lo que pasa y no a lo que queremos que pase.

¡Vivo reaccionando a lo ordinario y no a lo extraordinario!

Hoy es un buen día para elegir ser un inmigrante feliz, para detenerte y sentarte a pensar, a analizar tu propósito.

Deja de correr y siéntate

En muchas culturas antiguas sentarse era un acto importante en la vida de la persona y de la comunidad. En algunas culturas se sentaban todos los ancianos juntos a pensar y hablar del diseño del futuro. Otros se sentaban para ver desde una manera más aguda lo que estaba pasando.

En los tiempos actuales, a la acción de sentarse se le compara con perder tiempo. Comemos sin detenernos, así ganamos tiempo. Corremos cada día sin hacer un alto, así llegamos antes. Y muchos ni siquiera saben a dónde van o para qué, porque solo tienen su mirada puesta en el ayer. Conquistadores del futuro con mentalidad del pasado que corren de circunstancia en circunstancia para tratar de sacar lo mejor de ella.

Pero hoy que es el primer día del resto de nuestras vidas, como inmigrantes colonos elegimos sentarnos y meditar por un momento sobre nuestra singularidad.[1]

¡Somos especiales! ¡Somos únicos! ¡Y lo más apasionante que resulta es el hecho de que el otro también lo es! Disfrutar al sentarnos y saber que vivimos rodeados de obras maestras que tienen un propósito y una singularidad en la vida nos llenará de emoción.

Marcarás una diferencia cuando puedas mirar desde tu grandeza y no desde tus pequeñeces. ¡Y podemos juntos caminar hacia allí!

Vivir la vida como un colono es comprender que tengo más futuro que pasado y levantarme cada día yendo por él.

Hazte esta pregunta: *¿Si tuviera el éxito asegurado y todo lo que hiciera me saliera bien, qué haría hoy?*

Comienza a mirar desde los talentos con los que fuiste creado y no desde las circunstancias o situaciones.

En estos años hemos ayudado a mucha gente que le ha costado comprender la importancia de su singularidad.

Y creen que la felicidad depende de hacer algo cuando en realidad son felices comprendiendo lo que son y definiendo lo que eligen ser.

Sé un inmigrante feliz llama a la sociedad a levantar su dedo, con el motivo de mostrar tu unicidad al ver tus huellas y desde allí relacionarte con el mundo.

Cuando te comprometes a ser según tu talento y no tus circunstancias, seguramente serás quien convierta cada lugar donde te encuentres, por peor que sea, cada trabajo en el que estés, aunque no te guste, en un sitio especial y acogedor.

Y si además te comprometes a tener un corazón entregado y una mano abierta, ayudarás a cambiar el mundo por un lugar mejor.

Ser un inmigrante feliz es convertir el limón en limonada. Es ser protagonista y hacer que las circunstancias se acomoden a nosotros y no nosotros a ellas.

Las personas que progresan y mejoran son aquellas que comienzan a entender que son singulares y con un propósito.

Y van por él.

No estás aquí porque sí, sino con un propósito, y ese está allí adelante.

Ve por él.

Y recuerda que tienes más futuro que pasado. Sé un inmigrante feliz.

Cada día es un nuevo día para construir el futuro en el que queremos vivir. Eso hará que podamos ser felices en lo que hacemos.

Cuando uno vive pensando más en el ayer se convierte en alguien estático, que vive por emoción o por reacción, fácilmente vulnerable ante las circunstancias. Le cuesta poder edificar un futuro diferente dado que solo piensa en el pasado.

Para ser un inmigrante feliz e ir por un futuro prometedor tienes que diseñar una visión.

Anímate a ser protagonista de tu destino e ir por él.

Ser un inmigrante feliz es dejar de sobrevivir para vivir.

Y no solo vivir, sino vivir con un propósito, al que le dedico todas mis energías y mi fuerza y con el que me desarrollo en medio de mi comunidad.

Vive sabiendo que eres alguien especial con un llamado especial que se traducirá en las pequeñas cosas y en las grandes cosas, y diseña tu visión y el resto de tu vida desde allí.

Recuerda que visión es un punto de partida, no un punto de llegada.

Empieza a vivir la vida desde el futuro que deseas. Ve por él. Anímate. No importa lo que sucedió ayer. Se puede hacer de este día el primer día del resto de tu vida. Podemos ayudarte. Sé un inmigrante feliz.

Un inmigrante feliz que elige diseñar una visión parte del concepto de descubrir quién es para elegir quién quiere ser.

Hay cualidades en ti, dones, talentos, que hacen que ciertas cosas o acciones las realices con excelencia.

Encuentra cuáles son.

Para desarrollarme como un nuevo colono de una nueva tierra no tengo que tener solamente una buena actitud y realizar mucho esfuerzo, sino también ser un brillante generador de nuevas realidades a partir de mis fortalezas, de aquellas cualidades y habilidades que me hacen único.

> **Hazte esta pregunta:** *¿Si tuviera el éxito asegurado y todo lo que hiciera me saliera bien, qué haría hoy?*

En mi libro *Logra lo extraordinario* hablamos profundamente sobre cómo ser el que fuiste llamado a ser y cómo diseñar una visión poderosa.

Déjame hacerte un pequeño resumen de este tema para que puedas ponerlo en práctica en tus elecciones en este tiempo:

El poder de la visión está en que es el futuro diseñado hoy, el futuro deseado. Se trata de la fotografía de uno mismo, del equipo u organización en un determinado tiempo. Es un logro a alcanzar, un gran *qué*.

Cuando una visión es poderosa se convierte en nuestra razón de ser diaria para la acción. De ahí que tenga sentido fundacional y una intención transformativa. Es una realidad dinámica que vive en la declaración de posibilidad y muere ante la sola declaración de que no hay posibilidad. La visión se declara y es generativa. No usa espacios descriptivos del pasado, sino crea y sostiene el modelo del futuro. Es una declaración de posibilidad que no está en nuestra realidad circunstancial.

¿Dónde vive la visión?

Cuando lo analizamos, llegamos a la conclusión de que la visión vive en...

El lenguaje como un hondo y profundo compromiso del corazón.

Las conversaciones del día a día con otros y, por lo tanto, la visión es en común.

Un lugar que no es el futuro al cual llegar.

Un diseño del futuro desde el cual venimos.

Donde se debe «ser íntegros como equipo», de ahí que sea un punto de partida en la presente declaración: «Somos íntegros».

La coordinación de acciones diarias entre quienes están comprometidos con la visión.

Beneficios de una visión

Es evidente que la visión tiene una serie de beneficios importantes. Veamos algunos de ellos:

- Nos permite mirar hacia el desafío, pues la apatía y la falta de mirar hacia delante atenta contra una vida con resultado extraordinario.
- Rompe con la recurrencia del pasado, es decir, «más de lo mismo».
- Es una apertura poderosa para un futuro diferente.
- Crea un presente de conversaciones y acciones responsables.
- Desarrolla liderazgo e innovación. Para el modelo de ayer, no necesitamos innovación, solo repetición. Para el modelo de mañana sí se requiere la invención.[2]

> **Llegó la hora de hacer de este día un día especial y comenzar a venir desde quién eliges ser y no solamente desde quién fuiste.**

Llegó la hora de hacer de este día un día especial y comenzar a venir desde quién eliges ser y no solamente desde quién fuiste, y para esto hay que diseñar el futuro y trabajar para ir hacia él. Puedes decidir caminar sin miedo y eso te dará alas y espacios que hasta hoy no tenías. Podemos ayudarte. Sé un inmigrante feliz.

Entrenémonos para triunfar

1. Describe cuatro cosas que hagas bien, no importa cuáles sean. Compártelas con alguien y comprueba si confirma lo que tú piensas.

2. Diseña acciones para el futuro en lo que eres bueno. Asegúrate de que sean acciones concretas con tiempos de realización concretos.

3. Escribe en el foro acerca de esta experiencia y comparte con los demás las elecciones para dejar de ser un conquistador y comenzar a ser un colono de una nueva tierra. Solo tienes que ingresar a www.seuninmigrantefeliz.org/foros.

Capítulo 10

SOLUCIÓN 4: ACEPTA EL DESAFÍO

U na encuesta reciente de una consultora internacional acerca de cuál es la razón que hace a las personas crecer y esforzarse más en el trabajo reveló algunas sorprendentes novedades.

El trabajar por dinero y el hacerlo por reconocimiento se ubicaron en los puestos catorce y quince, respectivamente.

Mientras que algunos piensan que es el dinero lo que mueve multitudes, y otros que es el reconocimiento de las personas, lo que aprendemos es que estas motivaciones no están en los principales puestos por los que una persona busca o mantiene un empleo.

La gran sorpresa es que en el primer puesto se ubican... ¡los desafíos!

¿Qué nos dice el diccionario acerca de la palabra *desafío*?

Según el *Diccionario de la Real Academia Española* de 2005 significa «incitación a la competencia; reto, empresa difícil a la que hay que enfrentarse».

En algunos países se usa más la palabra *reto* que *desafío*.

El reto significa un desafío que una persona debe realizar sobreponiéndose a diferentes tipos de dificultades.

A veces puede ser difícil, pero genera satisfacción su cumplimiento debido a lo que el mismo representa.

Desafío o reto: son los nuevos motores que te llevan hacia lo extraordinario. Ser un nuevo colono de un nuevo tiempo implica vivir cada día como un reto, como un desafío.

Tenemos dos opciones interesantes para relacionarnos con el desafío y que este nos ayude a ser inmigrantes felices:

> **Reto, empresa difícil a la que hay que enfrentarse.**

1. Convierte tu vida en un desafío: Estamos en la era del desafío.

Pero no con los demás, o con las circunstancias.

Sino con nosotros. Con los que fuimos. Con nuestros miedos. Con nuestras propias limitaciones. Con todo aquello que nos hace buscar seguridad en el ayer.

El desafío te permitirá pararte encima de la tabla, ir por la máxima productividad, caminar hacia el que eliges ser, convertir el limón en limonada.

No hay nada ni nadie que te pueda detener cuando interiormente estás dispuesto a desafiarte y buscar lo máximo de ti mismo.

No hay nadie que pueda contra ti cuando tú estás aliado contigo mismo en ir por algo más grande y escalar con optimismo la montaña que se te pone delante.

Los desafíos te invitan a más, a ir hacia adelante, y con un corazón comprometido.

Es el tiempo de ser mejor uno mismo. Cada día. En cada aspecto de la vida. Con una clara mirada hacia adelante.

Cuando trabajas en aquello para lo que naciste y lo haces cada día, desafiándote más y más, eso hará que no solamente crezcas en el trabajo, sino que además prosperes.

El desafío es hacer aquello para lo que fuiste creado.

El desafío es buscar la mejor versión de ti mismo y llevarla a cabo con todo tu ser.

Es poder vivir con un propósito y con una manera de ser extraordinaria. A pesar de todo, a pesar de los demás, a pesar de las inclemencias del tiempo, o de las circunstancias.

¡Elige hoy desafiarte!

Elige retarte a bajar tus sueños a la vida cotidiana y vivirlos. Ponlos en tu corazón, en tus emociones. Siéntelos en tus venas, en tu respirar. Párate erguido desde el triunfo y desde la mirada de salir a ser el que elegiste desafiarte a ser.

Empieza buscando nuevos desafíos.

Lleva a cabo lo que estás haciendo hoy, aunque sea lo mismo que has hecho desde hace treinta años, pero hazlo de una manera extraordinaria, en busca de un resultado desafiante.

No pienses en los demás, si te pagarán o no, si lo tendrán en cuenta o no, si vale la pena o no el esfuerzo. Hazlo por ti. Busca llegar a esa vara que te propusiste llegar.

El desafío energiza.

El desafío optimiza y le da a tu vida y medio ambiente un mundo mejor.

Antes de cambiar las circunstancias cambia tu mirada, que sea la mirada del desafío.

Piensa en el reto de lograr lo máximo en esa situación, en ese día, en esa tarea. Piensa en cada día como el día en el que irás por los logros más altos y buscarás avanzar en la carrera de la vida. Piensa en el día de hoy como un nuevo comienzo. Deja de pensar en las obligaciones, en los contratiempos o en las limitaciones. Piensa en el desafío de vencer, de ir por algo más grande que tú mismo, de pasar la prueba.

Es tiempo de comenzar a ser tu propósito, aquello para lo que naciste, y desafiarte a lo más grande. No importa el tamaño de tu trabajo, sino el del corazón y el empuje que le pongas.

Grandes cosas suceden cuando los hombres y las mujeres van por un desafío más allá de sí mismos, más allá del dinero, más allá del reconocimiento.

Usa el espacio que tienes para producir lo mejor de ti, no solo para hacer lo cotidiano, sino para sacar lo mejor de ti mismo.

No importa si lo ven, no importa si te reconocen, lo que importa es que comenzarás a ver no solo el que eres, sino el que eliges ser. Y ese seguro triunfa.

El desafío es una actitud y un contexto, no solamente una acción. Es vivir la vida y cada pequeño detalle desde la mirada de ser mejor que nosotros mismos, que nuestro pasado y que nuestra propia circunstancia actual.

Los desafíos, además de acciones, son maneras de mirar, espacios que elijo caminar; un corazón y una emoción tienen que ser desafiados a cada instante para lograr el máximo de nosotros mismos

Y hoy es un buen día para empezar. No esperes a que otro te desafíe. Sino desafíate tú mismo a hacer este día el mejor día de tu vida. A sacar lo mejor de ti en este instante.

Y no tiene que ser en grandes cosas. Los desafíos están hechos para convertir los pequeños momentos o las pequeñas cosas en grandes momentos o grandes cosas.

2. Acepta los desafíos que se presentan:

Una ciudad te desafía.

Hace poco apareció en la web de un coach de migraciones la promoción de una ciudad de Canadá llamada Morden, en Manitoba.

La ciudad de Morden, a unos veinticinco kilómetros de Dakota del Norte, en Estados Unidos, y a unos cien kilómetros de Winnipeg, la capital provincial, ha salido a hacerle una oferta al mundo sobre la posibilidad de vivir allí.

Y si uno analiza toda su propuesta, comprueba que es un claro desafío a los inmigrantes felices, colonos de un nuevo tiempo, a radicarse con la mirada hacia adelante en estas tierras.

En el sitio oficial de la ciudad[1] explican claramente que solo los que cumplan todos los requisitos deben presentarse.

Ya las mismas ciudades se han dado cuenta de que hay una diferencia entre conquistadores y colonos, y quieren colonos.

Piden entre otras condiciones que tengas estudios, experiencia laboral y un inglés apto y demostrado por un examen. También solicitan tener experiencia en vivir en una zona rural, con capacidad de adaptación a la cultura y el clima (que en ese lugar llega a menos treinta en invierno). Y lo que me llamó más la atención fue que dentro de los requisitos son claros y específicos en que se debe mostrar una intención genuina de vivir y trabajar en Morden, sin conexiones previas con Canadá de ninguna clase. El coach Guillermo Ziegler manifestaba en sus comentarios[2] acerca de esta presentación que el pedido de que no se tenga ninguna conexión con Manitoba, ni familiares, ni amigos se debe precisamente a la situación ideal que ellos buscan. La información da a entender que Morden quiere que no tengas ningún lazo para que te quedes allí y no quieras irte.

Un inmigrante feliz es aquel que va hacia su futuro desafiante.

Una ciudad que desafía a inmigrantes es aquella que les dice que vengan porque se prepararon para venir, porque aceptaron el desafío y porque vienen para quedarse y construir aquí su futuro.

Ojalá logremos en los próximos años más y más modelos como el de Morden en las políticas migratorias de los países, y más inmigrantes felices y nuevos colonos que eligieron dejar de conquistar y comenzar a ver el futuro y la tierra que les da posibilidades como su casa, como su familia, como su lugar en el mundo.

Pero este no es el único caso. En Estados Unidos, que todavía no tiene leyes que amparen al nuevo colono y en donde debemos ayudar a transformar el paradigma a muchos inmigrantes conquistadores, las cosas ya están cambiando.

Cada día aparecen más lugares que generan contextos para inmigrantes felices.

En el estado de Kansas, en las ciudades de Plainville, Osborne, Lincoln y Marquette te dan la tierra gratis si tú decides irte a vivir allí y construir tu descendencia en ese lugar.

En su web[3] te invitan a ir a una comunidad en un pueblo pequeño, en el centro de Estados Unidos. Mencionan que es un lugar seguro, amable, con excelentes colegios para tus hijos, en donde puedes construir un extraordinario estilo de vida. Siempre que aceptes el desafío de vivir en su ciudad. Sus páginas están llenas de información de colegios, de museos, de lugares de referencia... ¡y hasta de posibles empleos! Y como incentivo ellos ponen la tierra donde vas a construir tu casa. ¡Extraordinario!

Es una comunidad haciendo futuro. Buscando a los nuevos colonos de un nuevo tiempo. Desafiándote a ir por más en tu vida y convertirte en un inmigrante feliz.

Convierte tu vida en un desafío. Acepta los desafíos que promueven las ciudades o estados que generan contextos poderosos, y comencemos juntos a vivir el desafío de ser inmigrantes felices, nuevos colonos en una nueva tierra a la cual elegimos darle lo mejor de nosotros mismos.

> **Te desafía a ir por más en tu vida y convertirte en un inmigrante feliz.**

Entrenémonos para triunfar

1. ¿Cuáles son los desafíos que llevarás a tu vida en estos días para ser un inmigrante feliz?

2. ¿Cómo puedes hacer mejor lo que hoy estás haciendo o lo que has hecho desde hace mucho tiempo? Comienza a hacerlo como si fuera la última vez y tuvieras que hacerlo del mejor modo.

3. Escribe en el foro acerca de esta experiencia y comparte con los demás las elecciones para dejar de ser un conquistador y comenzar a ser un colono de una nueva tierra. Solo tienes que ingresar a www.seuninmigrantefeliz.org/foros.

Capítulo 11

SOLUCIÓN 5: TU ACTITUD DETERMINA TU ALTITUD

Según un estudio realizado por Harris Interactive, solo veintiocho por ciento de los hispanoamericanos que residen en Estados Unidos se consideran felices.[1] ¿Eres parte de ese grupo? Llegó el tiempo en que como hispanos vayamos hacia el siguiente nivel.

El propósito de este libro es encontrar el camino hacia una vida de felicidad en un país que no te vio nacer.

Cuando hablamos de felicidad nos referimos a aquellas cosas que desearías ser, además de aquellas cosas que desearías hacer.

La felicidad es una opción que debemos tener como parte fundamental de nuestra vida cotidiana.

¿Cuántos inmigrantes vimos en estos años que no son felices? Muchos.

Creemos que llegó el tiempo de cambiar eso. Y no es porque cambien las circunstancias, sino porque cambiará nuestra relación con las circunstancias. Nada sucede fuera de ti que primero no haya sucedido dentro de ti. Llegó el tiempo de cambiar la historia de esta nación.

Y debemos creer que se puede. Que como inmigrantes venimos a dejar lo mejor de nosotros para generaciones futuras. Cuando tengo el corazón del conquistador me convierto en un «invasor» al que los habitantes ya existentes buscarán sacar.

Cuando tengo el compromiso y el corazón de un nuevo colono puedo ser una posibilidad recibida con los brazos abiertos que verán como alguien que viene a sumar.

Alguien que viene a sumar

La primera vez que hablé de este tema lo hice en Boston.

Una ciudad con un gran simbolismo para poder aprender de su historia y de sus principios.

Allá por 1700 hubo un grupo de personas que en el puerto de Boston eligieron, en vez de ocuparse de sus ganancias, ocuparse de sus principios.

Un grupo de personas tomó la decisión hace trescientos años de preguntarse si iban a tener valor o precio, y eligieron tener valor.[2]

> **El propósito de este libro es encontrar el camino hacia una vida de felicidad en un país que no te vio nacer.**

Una pregunta que todos en algún momento de nuestras vidas debemos hacernos es: *¿Tengo valor o tengo precio?*

Un inmigrante conquistador tiene precio. Es de aquellos que están pensando todo lo que van a tener para volver a su tierra natal.

Un inmigrante colono tiene valor. Trae sus valores y principios para derramarlos en la nueva tierra y, junto con otros que ya estaban o con aquellos que vendrán, sembrarlos para hacer crecer un árbol frondoso y próspero.

Este grupo de personas que les menciono tuvo el valor de derramar sus ganancias para mantener sus valores. Y se convirtieron en el ejemplo de toda una generación.

Seguramente ustedes conocen la historia de ese té derramado. Lo que ese pueblo estaba diciendo en el acto de derramar el té era: «No pueden jugar con nosotros». ¿Ustedes creen que nos tienen atados porque de esto vivimos? No pueden jugar con nosotros. Y tiraron el té.

En ese momento nació el espíritu de independencia de esta nación.

Ese corazón luego se propagó a toda Latinoamérica.

La independencia de la gran mayoría de las naciones latinoamericanas ocurrió desde 1800 en adelante, por el desarrollo que comenzó en Boston. Un grupo de personas cambió la manera de mirar de todo un continente.

¿Cuál fue esa explosión mundial que provocó un cambio de mirada?

En Boston un grupo de hombres y mujeres eligieron derramar sus ganancias para recoger sus principios.

Hoy parece que estamos en un mundo al revés. Por ganar un poco de dinero la gente puede derramar sus principios.

¿Por qué no ser un inmigrante feliz? Y preguntarnos: *¿A dónde quiero ir? ¿Quién quiero ser?*

Boston y su aporte a la historia nos permiten ver más para llegar a lugares que hasta ahora no llegamos.

Creo que es un nuevo tiempo para nuevos colonos, para gente con principios, para que podamos lograr lo que hasta ahora no logramos.

La historia de los habitantes de Boston y su modelo nos ayuda a pensar que más allá de las circunstancias podemos declarar independencia de lo que nos tiene cautivos.

Millones de inmigrantes han llegado cautivos de miedos y temores, de una historia desfavorable y un estilo que los oprimía. Y con eso se desarrollaban en la nueva tierra.

Este es nuestro tiempo para decirle a nuestro pasado que no tiene más autoridad sobre nuestras vidas y que él no determina mi precio, sino que hoy es el primer día del resto de mi vida, y que elijo tener valor, declarar la independencia y elevarme al llamado de ser parte importante en la construcción de la nación que me ha cobijado.

Una actitud que nos ayuda a ver más

Descubramos quiénes somos, elijamos quiénes queremos ser.

Venimos de sociedades que están en decadencia, venimos de una Latinoamérica con problemas de corrupción, problemas de dinero, problemas estructurales de salud, problemas para conseguir trabajo, y llegamos a otra sociedad que tiene problemas de depresión, problemas de soledad, problemas de superofertas, problemas de estrés...

Y al inmigrante que no está preparado para todo esto su cabeza le estalla.

La mezcla entre lo que traían y lo que hoy está sucediendo genera muchas personas que de un día para otro bajan los brazos, les da por las adicciones, quieren terminar con su vida o solo vegetan en medio de la sociedad.

Pero eso puede cambiar.

Si eres un inmigrante que no ha logrado la felicidad todavía, déjanos contarte que tienes más futuro que pasado, que tú puedes hacerlo, y que te daremos las herramientas necesarias para ponerte de pie, tomando conciencia del mundo en el que vives; al usar nuevas maneras y distinciones podrás ser un inmigrante feliz que influencie en medio de su comunidad. Y no importa si tienes mucho o poco estudio, si viniste de un modo o de otro. Lo que realmente importa es la actitud con la que vas a diseñar tu futuro.

Este no es un libro que se ocupa de explicar el ayer, sino de ayudarte a diseñar el mañana.

¿Qué te gustaría ser? ¿Dónde te gustaría estar en un año?

¿Qué te gustaría que sucediera en tu vida que hasta ahora no ha sucedido?

Cuando hablamos de un inmigrante feliz elegimos usar la palabra feliz entendiendo felicidad por poder darle a la vida más y más momentos de completitud.

Momentos cuando estás alineado con el que eres, pero también con el que eliges ser.

Momentos en los que por más duras que sean las circunstancias es tan grande lo que viene que no pierdes tu sonrisa.

Momentos que te hacen cambiar tu medio ambiente.

¿Cuál debe ser la actitud de un inmigrante feliz?

Cada día de nuestras vidas puede estar completo. La sabiduría está en poder llevar un proceso que te permita equilibrar los tiempos y los compromisos para llegar a ser completo.

> **Tú tienes más futuro que pasado.**

¿Qué necesitas para hacerlo?

La actitud ante el compromiso: *Para llegar a estar completo tengo que vivir la vida desde el compromiso y no desde lo que siento. El compromiso se declara y se acciona en base a quién elijo ser. Un inmigrante feliz es aquel que sí sabe que la bendición para su vida está a treinta cuadras; aunque tenga que caminar hacia ella, va determinado a llegar.*

Y no va quejándose y llenando su mente de pensamientos negativos, sino va con optimismo, preparado para llegar al desafío deseado.

La actitud ante la responsabilidad: *Como inmigrante feliz veo la vida desde lo que puedo hacer. Responsabilidad es una palabra que implica «habilidad para responder». No se refiere a quien tiene la culpa de algo o quien debe hacerse cargo, sino al que elige comprometerse a responder para diseñar un futuro diferente. Uno se completa buscando tener claro en cada área de la vida en la que estoy involucrado cuál es la responsabilidad que asumo. Y haciéndolo sin ninguna conversación sobre lo que los otros hacen o dejan de hacer ni sobre lo que está pasando. Mi completitud se basa en mi actitud responsable, no en mi entorno, por más favorable o desfavorable que sea.*

La actitud ante la aceptación: *Estar completo como inmigrante feliz es también aceptar a los otros como iguales, y a las circunstancias.*

Si vengo desde la aceptación del hombre, el compromiso, y soy responsable de ser un inmigrante feliz, estaré diseñando el futuro más allá de lo que pase.

Un inmigrante feliz es aquel que no se pasa la vida buscando aliento para cada momento, sino el que se compromete a tener más momentos que le quiten el aliento, que le hagan sentir vivo, que le lleven al siguiente nivel.

¿Se dieron cuenta de que cada vez hay menos gente feliz entre los hispanos?

Este libro es un llamado a que la pasión latina se levante como un estandarte para ir hacia algo más grande y para mostrar que se puede ser feliz.

Y lograr ser un inmigrante feliz no se alcanza con solo procesos o libros de motivación, sino con procesos y libros de empoderamiento.

La actitud ante el empoderamiento: *Motivar es mover algo o a alguien de un lugar a otro por medio de una fuerza externa.*

Empoderar es que la persona tiene el poder para hacer algo e incorpora tal poder. La motivación sirve, pero no alcanza. Necesitas generar en tu vida espacios de empoderamiento y con ellos llevar adelante tu visión. El empoderarte ampliará tus opciones.

Son contextos que luego que tú pasas por ellos han calado tan profundo en tu manera de hablar y de mirar que el poder quedó en ti.

En la motivación, el poder está en aquello que te mueve. Y vemos a muchos que luego de pasar por un proceso de motivación vuelven al mismo estado anterior.

Pero ser un inmigrante feliz no solo te motivará, sino que te empoderará con más para que eso quede en ti y se mantenga.

Tienes que elegir zambullirte en cada concepto y hacerlo propio, y comenzarás tú y tu casa un tiempo único.

La clave para un inmigrante feliz es: comienza pensando quién deseas ser...

En nuestros procesos de entrenamiento con personas de diferentes países siempre comenzamos por el mismo y poderoso sitio, que es ayudándolo a diseñar el futuro.

Recuerda que el inmigrante colono tiene más futuro que pasado. Mientras que el conquistador solo tiene presente para llevar a su pasado, pero sin futuro...

Construyamos grupos de diseño del futuro que se conviertan en usinas de compromisos, responsabilidades y aceptación de quiénes somos y hacia dónde vamos, para lograr la completitud que buscamos como un excelente inmigrante feliz que influencia su medio ambiente y su comunidad.

Si comenzamos a darle mayor importancia a saber quiénes somos y hacia dónde vamos, posiblemente nuestras vidas comiencen a ser mucho más poderosas que hasta hoy.

Cuando uno sabe hacia dónde va es como un navegante.

Ante el viento, por más fuerte que sea, él solo está preocupado por cómo pone las velas para que lo lleven más rápido al lugar hacia donde se dirige.

Si no sabes hacia dónde vas, te preocupas, reaccionas, te sientes mal.

El mundo está repleto de inmigrantes con incertidumbre del futuro, presiones en el presente y añoranzas del pasado.

Esfuerzo, sacrificio, oscuridad y penumbra, desazón y falta de raíces se convierten en el presente de muchos. Y así se pasan la vida. Van construyendo cosas, pero sin felicidad.

La vida de poder disponible para un inmigrante feliz comienza en él y en su desarrollo.

En su compromiso cotidiano a desafiarse a ser un inmigrante feliz y en su responsabilidad de convertirse en un nuevo colono de un nuevo tiempo.

Lo primero que necesitamos para tener el corazón de un inmigrante feliz es preguntarnos: *¿Quiénes deseamos ser?*

¿Quieres ser un inmigrante feliz?

¿Que disfrute donde vive, con quien vive y de la manera en que vive?

¿Que lo que haga traiga felicidad para sí y para los demás? ¿Quieres eso?

Si es así, comencemos juntos a vivir esta aventura emocionante de ir por más y de hacer de este día el primer día del resto de nuestras vidas con el compromiso de ser un inmigrante feliz más allá de mis circunstancias actuales, de dónde estoy y de cómo me siento hoy.

La gran mayoría no cree que un inmigrante pueda ser feliz. Necesitamos cambiar nuestras miradas. ¡Podemos ser felices!

¡Podemos disfrutar de la vida! ¡Podemos tener éxito en el país que nos cobijó!

> **Empoderar es que la persona tiene el poder para hacer algo e incorpora tal poder.**

Yo te aseguro que puedes cambiar tu historia.

Llevo años tratando con gente y desarrollando a personas. Y sé que se puede. Pero se necesita de ti.

No existen fórmulas mágicas para lograr lo extraordinario. Lo que hay es un desarrollo personal que te lleva hacia ese lugar. Lo que hay es una elección personal.

Y el resultado es una persona ordinaria que se compromete y elige ir por lo «extra», por lo que no está en lo cotidiano, ni en la historia, ni en su pasado, pero que brilla iluminando el camino desde su futuro.

Quizás tú estás pensando que no conocemos tu historia.

Que el éxito es una posibilidad, pero para otros, no para ti....

Déjame decirte que conocemos muchísimas historias y te puedo asegurar que lo que incluye este libro puede cambiar tu historia, puede cambiar tu vida, puede cambiar tu futuro.

¿Qué te gustaría que sucediera en tu vida?

Imagínate que bajara un ángel del cielo, tocara la puerta de tu casa y te dijera: «Te daré abundancia y felicidad en esta nueva tierra en la que elegiste vivir».

Y te preguntara: «¿A dónde deseas llegar? ¿Quién deseas ser? ¿Qué te falta para llegar allí?».

La visión no es solo un punto de llegada, sino también un punto de partida.

Algunos creen que visión es un objetivo. Visión es desde dónde miro, es lo que miro. Es la manera en que me relaciono con la vida mientras voy viendo.

Si tu visión es ir hacia un resultado extraordinario en la vida, eso es lo que empiezas a mirar. Y tamiza desde dónde empiezas a mirar.

Para ser un inmigrante feliz necesitamos dejar de estar tomados por las circunstancias del momento y empezar a venir desde el futuro que queremos construir.

Algunos están muy afectados por lo cotidiano, por lo que les pasa, por lo que no les pasa, por lo que tienen, por lo que no tienen, y se están perdiendo la gran oportunidad.

En la Biblia, en el libro de Efesios 2.10, dice que somos hechura de Dios. La palabra *hechura* es en griego *poiema*, que en español se puede traducir como «poema». ¡Somos un poema de Dios! Él nos pensó. Los poemas se piensan, se escriben con detalle, con mucho cuidado, con esmero, con dedicación.

Y si todavía no me crees, detén un minuto la lectura y observa con detenimiento tu dedo pulgar. Hace dos siglos, investigadores científicos descubrieron que las huellas son perennes, inmutables, diversiformes y originales. Se forman al sexto mes de gestación y permanecen únicas, forman parte de la persona hasta que se muere.

Son inmutables. Si te cortas un dedo, las crestas aparecen en la misma forma que antes. No se han hallado dos iguales. Cada vez que tú tocas algo dejas tu huella, dejas tu marca. No solamente eres original, sino también vas dejando tu marca por la vida.

Sin embargo, algunos creen que porque las circunstancias son muy grandes y toda su vida han formado parte de una fila, fueron hechos en serie y no en serio.

Un inmigrante feliz es aquel que se toma un minuto, no importa dónde esté, qué esté haciendo, o si le está yendo muy bien o muy mal, se mira su dedo pulgar y reconoce la huella dactilar. Y se dice, muy en lo profundo: *Tú fuiste hecho en serio. ¡Tú fuiste hecho en serio!*

Imagínate esta nueva situación.

Haces un acuerdo con tu pasado diciéndole que tú no lo molestas más a él y él no te molesta más a ti. Que quedan en paz.

Haces un acuerdo con tu presente, que ya no saldrás a la vida con el espíritu del conquistador, sino con el corazón del colono. Que hoy empiezas el primer día del resto de tu vida, y que te tomarás tu vida y la de los que te rodean muy en serio.

Y haces un pacto con tu futuro. Eliges marcar una diferencia. Diseñar una visión que sea tan grande que cada mañana que te levantes puedas ir hacia ella con optimismo. Con ganas.

Es como llevar tu vida a presupuesto cero. Pon todas las deudas en la cuenta por pagar, analiza el nuevo presupuesto conforme a la visión y sal a vivir la vida que elegiste.

Cuando comienzas a tomarte en serio para dejar huella y no solamente ser alguien en serie y marcado, te conviertes en un inmigrante feliz.

¿Cambiaron las circunstancias? No. Lo que cambió fue tu manera de mirar.

Quizás te des cuenta de que es mucho lo que te falta en legalidad, preparación, cultura, relaciones y éxito para llegar al lugar que deseas, pero hay algo más importante que todo eso que acabas de lograr. Te diste cuenta de que no estás en esta vida de paso ni fuiste hecho al pasar. Eres importante. Eres parte de un gran plan y tú eres el protagonista.

Fuiste hecho en serio para dejar huella, y no en serie ni marcado.

Y así sales a la vida con otro color. Comienzas a sonreír aunque el camino sea el mismo camino gris de todas las mañanas. El lenguaje que usas es de bendición, necesitas que ellos sepan que viniste para quedarte, y que no solo estás de paso. Te paras encima de la tabla de la vida erguido y comienzas con una sana actitud de servicio a influenciar a tu comunidad.

Si haces esto por las próximas semanas, sin parar, sin buscar medirlo con los resultados o con lo que la gente dice, o con la manera en que te sientes, va a llegar un momento en que algo comenzará a cambiar.

> **No estás en esta vida de paso ni fuiste hecho al pasar.**

Mejorarás tu trabajo. Empezarás a cuidar tu salud. Comenzarás ese estudio que tienes postergado. Aparecerán nuevos amigos (a la gente le gusta estar con quienes miran hacia adelante con optimismo), y poco a poco esa visión del futuro que tenías cuando te comprometiste a ser un inmigrante feliz empieza a hacerse una realidad en tu vida.

Entrenémonos para triunfar

1. ¿Qué acciones realizarás en estos días para que *compromiso, responsabilidad y aceptación* formen parte de tu vida cotidiana?
2. En tu lenguaje, ¿cuántas palabras hacen que las personas a tu alrededor puedan pensar que estás de visita?
3. ¿Qué puedes hacer hoy que te catalogue como alguien extraordinario?
4. Comparte en el foro cada una de estas experiencias, lee y nútrete de las de otros inmigrantes en el mundo. Solo tienes que ingresar a www.seuninmigrantefeliz.org/foros.

JORGE RAMOS. «DISTINCIÓN: COMPROMISO»

Desde 1991, Jorge Ramos vive en la ciudad de Miami. Es considerado uno de los veinticinco hispanos más influyentes de Estados Unidos por la revista *Time*.[3] Una encuesta del Pew Hispanic Center determinó que Ramos es el segundo líder latino más reconocido de Norteamérica.[4]

Conduce uno de los noticieros de Univisión desde hace años y desde el primer momento estuvo comprometido con la verdad y la honestidad. Busca cada semana entrevistar a los personajes políticos del momento y analizar las noticias de la semana con equilibrio.

Es un ejemplo de trabajo y persistencia.

Jorge Ramos ha aplicado la distinción compromiso. Es un hombre que ha ido en cada momento hacia adelante, manteniendo su honestidad y su visión de poder a través de sus escritos y su arte al comunicar ayuda a la comunidad latina para su avance.

Es un hombre que piensa, dice y hace en una misma línea. Un inmigrante feliz, nuevo colono de un nuevo tiempo.

Capítulo 12

SOLUCIÓN 6: UN GENERADOR DE ESPERANZA

D ebes mirar hacia adelante.

Sé que muchas veces el ayer nos llama cada día. Por lo que hicimos mal. Por lo que hicimos bien, por lo que no hicimos...

Nos llama recordándonos por dónde pasamos, en quién confiamos, qué nos engañó y cómo debemos movernos.

Nos llama. Quiere convertirse en nuestro tutor y consejero para que las decisiones y elecciones del futuro puedan ser excelentes.

El ayer también nos llama desde las emociones. Pasamos por algunos lugares o llegan a nuestra mente ciertas imágenes, y enseguida nos avisan.

El ayer quiere ser nuestro faro para lo que viene, pero se convierte en una pared, en una muralla, en una limitación para quiénes elegimos ser.

Debes elegir hoy mirar hacia adelante. Y hacerlo con optimismo. Aunque sepas que volverás a equivocarte o a tener espacios de incertidumbre.

Mirar hacia adelante nos permitirá comenzar a ser los que elegimos ser, más allá de cualquier circunstancia, más allá de cualquier situación.

Mientras te escribo alentándote, recuerdo cuando hace muchos años atrás estaba escribiendo en un pequeño cuarto mi segundo libro.

Casi no tenía tiempo durante el día, nuestras niñas eran muy pequeñas y las obligaciones eran más grandes que las posibilidades.

En ese cuarto, mirar hacia adelante era solo mirar una pared. Así que le puse una foto del tipo de vista que deseaba tener cada vez que escribiera. Era la de un bello jardín con una hermosa piscina.

Algunos años después hoy puedo escribirte desde ese lugar. Hoy puedo escribirte desde lo que en ese tiempo era solo un futuro lejano, o una foto en la pared.

Mirar hacia adelante te permitirá saber hacia dónde ir.

La mejor forma de conocer el futuro es creándolo. Elige hacerlo. Y con optimismo.

Ir hacia el futuro se hace con fe.

La fe es «la certeza de lo que se espera, la convicción de lo que no se ve».[1]

Hay algo más grande que la razón, y es la fe.

Hay algo más grande que las circunstancias, y es la fe.

Hay algo más grande que los límites, y es la fe.

La razón puede describirte en detalle lo que no pasó. La fe puede ayudarte a crear lo que va a pasar.

Necesitamos comenzar a dar pasos de fe.

La fe es, pues, la certeza de lo que se espera.

Trabajamos fuerte sobre la convicción de lo que no se ve y logramos resultados.

Avanza hacia el mañana como a lo largo de la historia lo hicieron los visionarios.

La fe trae una gran cuota de espera. Sin espera no hay fe. Sin conciencia del mañana será difícil generar espacios de fe.

Por eso, cada vez que sientas que estás quedándote o que todo se cae a tu alrededor, deberás tener fe. Además de accionar y de levantarte deberás hacerlo con la mirada puesta en lo que esperas, en ese futuro que cada día eliges construir. Y no con una obsesión de que suceda, sino con el compromiso de hacer todo lo que esté a tu alcance para que pueda suceder.

Muchos tienen empuje y dedicación, pero les falta esa cuota de fe que necesita todo inmigrante feliz. Y eso es por dejar de tener conciencia del mañana. Dejar de esperar.

Al momento, en nuestras comunidades se ha logrado llegar a lugares que no habíamos llegado.

Pero luego nos dimos cuenta de que con eso no alcanzaba y que necesitábamos tener certeza. Y a la convicción de lo que no se ve se sumó la certeza.

> **Mirar hacia adelante te permitirá saber hacia dónde ir.**

Ten confianza, ten seguridad, tú puedes lograrlo. Sin embargo, el mundo nos engañó vilmente y nos escondió una palabra. Creímos que teníamos la fe totalmente clara y que lo estábamos logrando, pero solo estábamos mirando la mitad de nuestras posibilidades.

Una palabra que no vimos nos cambió la historia de toda una generación. La palabra que nos fue escondida y que no estamos viendo es *espera*.

Vivimos en una comunidad en donde ya no hay espera.

No hay conciencia del mañana.

Todo tiene que ser hoy. La experiencia del momento. Se tiene que vivir el momento. La sensación. Lo que voy a sentir. Ni siquiera lo que me va pasar...

Esos hombres que desde Boston, hace trescientos años, eligieron tirar sus ganancias para recoger sus principios estaban a la «espera» de un mundo mejor.

Creían en el legado.

Creían en lo que le dejarían a sus hijos.

Hoy vivimos en una cultura en donde lo único que importa es lo que voy a hacer ahora.

¡Lo que voy a sentir!

Ni siquiera lo que me va pasar...

Para ser un inmigrante feliz no solo tengo que diseñar una visión poderosa, además tengo que comprender que para que la fe se manifieste de manera poderosa tengo que comenzar a diseñar el futuro.

Algunos no diseñan el futuro porque no tienen conciencia del mañana.

Porque pareciera que el mañana no existe.

Es tan fuerte la sociedad del «sentir ahora» que el mañana no es una distinción para muchos. No planifican.

No buscan esperar. No piensan en la ley de la siembra y la cosecha.

Solo importa el hoy. Y el vivir una experiencia irresistible.

Para ser un inmigrante feliz y nuevo colono debemos poner nuestra mirada en el diseño de futuro.

Y así es como vamos entregando nuestras vidas, nuestros principios, a las sensaciones del momento.

¿Quieres ser un inmigrante feliz? ¡Para eso necesitas visionar! Necesitas ir hacia adelante.

Necesitas comenzar a pensar en el futuro.

A pensarlo, a diseñarlo.

Busca cubrir cada área de tu vida y piensa dónde te gustaría que estuvieras. Y actúa para llegar allí.

Visión no es solo un punto de llegada, sino más bien un punto de partida.

Cuando espero, cuando tengo fe, cuando diseño el futuro, cuando comienzo a ser no como era, sino como seré, todo comienza a fluir a mi favor.

Podemos tener felicidad y también gozo cuando comenzamos a caminar hacia un lugar diferente; no significa solamente tener fe, es también cambiar nuestra cultura.

Agrégale compromiso y perseverancia, y pronto verás novedades en tu vida cotidiana.

> **Vivimos en una comunidad en donde ya no hay espera. No hay conciencia del mañana.**

Jóvenes que nacieron en el desierto

Una de las historias de la Biblia más apasionantes es la del pueblo de Israel. Es la historia de un pueblo de inmigrantes.

Todos conocen la historia de este pueblo que salió de una tierra de esclavitud y fue a una tierra donde fluía leche y miel.

Los jóvenes que llegaron a la tierra prometida nacieron en el desierto.

Salieron de la cautividad opresiva de Egipto y llegaron a una tierra que fluía leche y miel.

Me recuerda también que los colonos británicos tardaron doce años en prepararse y lograr cruzar el imponente mar para llegar a América.

Asimismo, el pueblo de Israel tardó cuarenta años en cruzar el desierto y poseer el nuevo espacio del que se había hablado. En el desierto nació una generación que luego se convirtió en los jóvenes que pisaron tierra nueva.

Supón que al llegar a la tierra prometida los habitantes originarios les preguntaban: «¿Ustedes de dónde son?».

Imagina que ellos les hubieran dicho: «Somos del desierto. Vinimos aquí porque nos dijeron que nos iba a ir bien, pero en realidad nuestros abuelos son de Egipto y nuestros padres del desierto, así que somos los hijos del desierto».

No escuchamos eso.

No escuchamos a hombres y mujeres relacionándose con su pasado y con lo que sus antepasados habían vivido.

Se relacionaron con su futuro. Con un futuro que esperaban. Tomaron la promesa de Dios para sus vidas y fueron por ese futuro que tenían grabado en la retina de sus sueños.

Lo que verdaderamente sucedió es que cuando llegaron se les oyó a gran voz decir: «Esta es la tierra que Dios nos entregó. Vayamos por ella. No somos del lugar donde nacimos, sino del lugar que elegimos por propósito».

Lo que hizo que ellos pudieran cruzar el Jordán y llegaran a la nueva tierra era que estaban listos para vivir lo que se les había prometido. No tenían cultura de desierto, añoranza de Egipto. Aunque durante años la habían tenido. Vivían con la mirada puesta en el ayer. Hablaban unos con otros de las virtudes de la esclavitud de Egipto, y de que allí tenían algo más que maná del cielo para comer.

Sí, durante años habían tenido añoranza. Se pasaban días enteros llorando por volver a la esclavitud del pasado y quejándose porque no les gustaba la comida, o las circunstancias, o la preparación que debían tener para ir por más.

Y peor fue el día en que fueron a ver la tierra prometida y encontraron que en ella habitaban gigantes. Que iba a ser un proceso difícil, que tenían que hacer un esfuerzo extra para poder habitar en el sueño y no volver a la pesadilla.

Muchos siguieron siendo hijos de Egipto. Miraban el futuro con incertidumbre y el pasado con sentimientos de remembranza.

Todos ellos no llegaron a vivir la tierra prometida. Quedaron en el desierto de sus dudas, de sus miradas, de su lenguaje.

Hijos de Egipto que solo describían lo que les pasaba y no lo que deseaban que les pasara.

Hijos de Egipto para los que las circunstancias eran más grandes que ellos mismos, y no lograban disfrutar la promesa ni esperar en ella por el tamaño de sus problemas.

Hijos de Egipto que solo buscaban su propio interés y no el bien común, el bien de todo un pueblo.

Hijos de Egipto que, a pesar de que sus vidas estaban resguardadas por Dios, vivían en la soledad de sus miedos, de sus recuerdos, de su falta de fe.

El ejemplo que la Biblia nos da es un ejemplo universal. No es solo para aquellos que creen en Dios y practican sus principios, sino para todo aquel que elige caminar hacia una tierra prometida.

No puedes tratar de tener soluciones a tus problemas en el mismo nivel en el que los problemas fueron creados.

Tienes que elevarte, esforzarte, mirar el futuro con un lenguaje generativo, por terribles o angustiantes que sean los gigantes con los que vas a vivir, o las inclemencias de un desierto que debes cruzar.

Cruzar el desierto para mantener la mentalidad anterior es salir a la conquista de una nueva tierra.

Cruzar el desierto para comprometerse a ser una opción y una posibilidad en la nueva tierra es el corazón de un inmigrante feliz que diseña su futuro más allá del desierto.

Hemos escuchado de muchos que se han quedado en el desierto de sus necesidades en vez de pararse con la mirada en las oportunidades.

El desierto para el pueblo de Israel no representaba solo el lugar que tenían que cruzar, sino poder hacerlo con un cambio de mirada, de corazón, de compromiso.

> **Eran hijos de Egipto que solo describían lo que les pasaba y no lo que deseaban que les pasara.**

Para aquellos que cruzan el desierto, pero siguen siendo hijos de Egipto, será muy difícil que puedan ver la tierra prometida.

Pero si aprovechas el desierto para dejar allí tu pasado, dejar allí tus limitaciones y prepararte para ir por algo más grande, el desierto será el momento en tu vida que marcará un antes y un después.

El desierto no estuvo allí solamente para molestarte en tu paso hacia tu futuro, estuvo para moldearte, para sacar lo mejor de ti, para ayudarte a entrar a una nueva tierra con un nuevo corazón.

Pero muchos siguen siendo hijos de Egipto a pesar de haber cruzado por el desierto.

Mientras lees este libro, es un buen momento para hacer un compromiso contigo y con tu familia de convertirte en un inmigrante feliz, nuevo colono de una nueva tierra, que abre sus brazos al futuro y elige ser una posibilidad. Que tiene más futuro que pasado, que se ofrece a ser parte y constructor de la nación que lo cobijó, y entrega lo mejor de sí para nuevos contextos de nuevas generaciones.

Fortalecidos en fe

Otro ejemplo aleccionador que podemos encontrar es cuando Dios le habló a Abraham y le dijo que fuera a la tierra que le mostraría. «Ven a la tierra que te daré».

Él era alguien que vivía en la tierra de sus padres y de sus abuelos. Pero un día Dios le habló y lo invitó a un futuro maravilloso en una nueva tierra. Lo haría padre de muchedumbres, pero cuando la promesa apareció en su vida solo era un hombre sin hijos, extranjero y advenedizo.

Las leyes y los cambios siguen a los corazones comprometidos, no al revés.

No se puede esperar que las condiciones cambien cuando uno no eligió hacer el cambio.

Al salir, Abraham era muy poco el inmigrante feliz que llegó a ser. Sin embargo, creyó la promesa. Y Dios le dijo: «Ven a la tierra que te mostraré, no a la que ya te estoy mostrando».

La tierra estaba adelante, no atrás. Y Abraham debía salir de todos los modelos mentales que traía para llegar allí.

El propósito y la convicción son parte de lo que Abraham llevó a su nueva vida.

No hay un solo relato en el que se le escuche a Abraham quejarse porque extrañaba a Ur o lo que había dejado allá. Él sabía muy bien que había sido llamado a un lugar donde sus hijos crecerían y sería padre de muchedumbres.

> **Las leyes y los cambios siguen a los corazones comprometidos, no al revés.**

Hoy es el primer día del resto de tu vida para poder estar convencido de que uno no solo es del lugar donde nace, sino de donde fue llevado por propósito, por elección.

Fe en lo que viene

Hoy es un día maravilloso para relacionarte con el propósito por el cual estás en la nueva tierra prometida.

No importan las circunstancias con las que llegaste hasta acá. Pueden haber sido muy buenas, normales o muy malas.

Pero todas ellas se convertirán en una de dos posibilidades:

1. O se convertirán en tus límites, en tus excusas, en aquello que te detiene en tu camino hacia quién debes ser.
2. O se convertirán en el espacio de aprendizaje de todo lo que tienes que hacer y no haces dado el futuro que elegiste construir.

Quizás tanto sufrimiento en la travesía hacia ser un inmigrante feliz te hace pensar constantemente en volver a los afectos de ayer. O al ayer, simplemente...

Esto siempre ocurre cuando el presente y las circunstancias están siendo más grandes que nuestra mirada del propósito, de la promesa, de la elección.

«Ven a la tierra que te mostraré» implica que habrá que caminar un tiempo sin verla, o a ciegas, o sin todo aquello que en algún momento llegaremos a ver.

El alumbramiento del éxito es siempre a través de caminos sin tanta luz o claridad. Lo que da claridad es la visión. Es saber hacia dónde vamos y quiénes elegimos ser.

Por eso es tan importante no solo estar enfocado en las acciones que realizas cada día, sino en cómo las realizas, desde dónde las realizas, qué piensas cuando las realizas, quién eres mientras las realizas, hacia dónde miras mientras las realizas. De todo eso se trata este libro. Ser un inmigrante feliz no depende ni de la historia ni de las leyes. Depende del corazón y la mirada que tengamos. Eso es lo que va a hacer los cambios. Cuando nos convirtamos en nuestros corazones en nuevos colonos de un nuevo tiempo, la tierra en la que vivamos se convertirá en nuestra tierra prometida. En el lugar desde donde trascenderemos, y veremos en cada desafío nuestro deseo de progresar y no los obstáculos, y en cada mañana una nueva mañana para cambiar al mundo y no solo una mañana gris en la cual repetiremos lo mismo de ayer.

Los compromisos y la visión hacen la historia, y hacen que se escriban las leyes, y no al revés.

La solución del problema migratorio está en el corazón de una nueva sociedad que vive en la entrega y no en el intercambio, que vive demostrando compromisos y corazones de nuevos colonos y no solo de conquistadores despiadados que tratan de cobrarle al futuro lo que perdieron en el pasado.

Seamos lo que elegimos ser, erguidos encima de la tabla de las oportunidades por la mejor ola, enfocados en la tierra que se nos mostrará, con corazón de tierra prometida y no de desierto, y siendo una posibilidad constante para los que con corazón abierto y amabilidad nos invitan a vivir en el lugar que habitan, y juntos construyamos un futuro mejor.

Que esto se convierta en nuestra visión.

No fuiste traído a este lugar que pisas solo por una circunstancia, sino con un propósito específico de ser una posibilidad para esta nación a través de tus dones, de tus talentos, de tu entrega, de tus hijos.

Este es un buen momento para darnos cuenta de todo lo que no pasa hoy y dejar de estar tan preocupados por ello, es un buen momento para comenzar a actuar a fin de lograr todo lo que deseamos que suceda mañana.

Pero hagámoslo con una mentalidad de colono. No de conquistador. Esto nos ayudará a que la tierra sea bendita, el suelo nos reciba con los brazos abiertos y nuestro futuro se construya con principios y valores que permanecerán más allá de cualquier circunstancia.

No fuimos traídos a una nueva tierra para pasarnos treinta años vegetando. Fuimos traídos para disfrutar de la vida, para ser felices, para que nuestros hijos triunfen... ¡y hoy es el primer día del resto de nuestras vidas para hacer de este lugar un lugar grande!

Creo, en lo profundo de mi corazón, que llegó un nuevo tiempo para los hispanos.

Pero no es solo un nuevo tiempo para salir con las banderas a seguir reclamando, sino un nuevo tiempo para entrar a nuestras casas a empezar a fortificar nuestra fe. A cambiar nuestras mentes. A cambiar nuestros corazones.

Donde esté tu corazón está tu vida. Cual es tu pensamiento en tu corazón, tal eres.

> **Ser un inmigrante feliz no depende ni de la historia ni de las leyes. Depende del corazón y la mirada que tengamos.**

Sales a trabajar, le entregas a la nueva nación que te cobija tu tiempo, tus dones. Le entregas tus hijos, tus impuestos, pero tu corazón no se lo entregas porque lo sigues teniendo en el ayer.

Y te pasas treinta años en una nueva nación con un viejo corazón. En una nueva oportunidad con una vieja mirada.

En una nueva historia con el viejo final que ya escribiste.

Donde esté tu corazón estará tu vida.

Por eso para ser un inmigrante feliz no debemos solo cambiar acciones o leyes. Primero debemos cambiar el corazón y hacerlo pensando en el futuro del lugar que te abre sus brazos, y caminar, fluir y sintonizar con una construcción del futuro marcada por la entrega, por el amor, por un corazón comprometido, por la fe y la espera constantes.

Tú eres de aquí. Tu estancia allá tiene que servirte para aprender cómo construir un mejor futuro.

Tú eres un ser especial, único. No hay dos como tú en todo el universo.

Eres alguien que fue hecho para un propósito, y cuando lo encuentres tu vida se convertirá en una vida plena.

Comprender que un corazón comprometido le dará una nueva vida a tu mirada como inmigrante te ayudará a que haya nueva luz en tu ser y nuevas perspectivas.

Ten fe en un futuro que promete. Espera con la visión hacia lo que eliges ir. Comprométete a caminar hacia adelante con optimismo.

Es para que no dejes pasar un minuto más y seas uno con lo que viene, con aquello que está por suceder. ¡Tú puedes ser un inmigrante feliz!

Entrenémonos para triunfar

1. Describe tres cosas que hacen que las personas a tu alrededor tengan mentalidad de desierto.
2. ¿Qué acciones te comprometes a realizar en estos días para cambiar y tener mentalidad de tierra prometida?
3. Hoy es el día para organizar un grupo de inmigrantes felices. Júntate por lo menos con tres personas más y háblales de tu fe, de tu diseño del futuro, de tu esperanza. No importa si te tildan de loco o los demás no están de acuerdo contigo. Crea espacios de esperanza.

   Ayuda a alguien a tener esperanza de un futuro mejor, no basado en las circunstancias pasadas o actuales de su vida, sino en lo que estás aprendiendo en este libro. Dale lo mejor que tengas (¡recuerda que la mano abierta es la primera que se llena!).
4. Escribe en el foro acerca de esta experiencia y comparte con los demás las elecciones para dejar de ser un conquistador y comenzar a ser un colono de una nueva tierra. Solo tienes que ingresar a www.seuninmigrantefeliz.org/foros.

Capítulo 13

SOLUCIÓN 7: HABLA DE LA TIERRA Y VIVE EN ELLA COMO PROPIA

Para ser un inmigrante feliz hay que hablar de la tierra que estás pisando como propia, y también vivir en ella como si nos perteneciera. No puedes sentir y comportarte como extranjero, sino como un ciudadano de esa bendita tierra.

Pero esto no pasa constantemente. Por eso nos cuesta ser inmigrantes felices, nuevos colonos influyentes de nuestras comunidades.

Si tú caminas por muchas naciones que han recibido inmigrantes en el siglo pasado, encuentras una peculiaridad.

Al acercarte a un joven para preguntarle de dónde es, descubrirás que te declara que es del país del que eran sus padres.

¡Estos jóvenes nacieron en la nueva tierra!

Ellos no son ni conquistadores ni colonos. Son ciudadanos. Pero te hablan de su identidad y de su patria refiriéndose a la de su familia a través de la historia.

Alguien por allí me mencionó que era una costumbre. Puede ser. Pero recuerden que somos lo que hablamos. Y este principio aplica tanto a una persona como a una sociedad. Un principio es más que una costumbre.

Conforme a lo que tengamos en el corazón, eso hablamos; y conforme a lo que hablamos, somos.

Si nuestros hijos hablan de nuestro pasado y no de nuestro futuro, seguramente eso es lo que viven también en el corazón.

Peor aún sucede con los que ciertamente nacieron en otro lugar.

He visto fotos donde las personas muestran la vestimenta o camiseta de la nación donde nacieron sus padres , y esto se vuelve parte de lo que ellos mismos incentivan en sus hijos. Necesitamos ayudarlos a disfrutar de la nación que les cobijó y a generar un sentido de pertenencia tan grande que no solo vivamos en una nueva tierra, sino que estemos allí para entregarle lo mejor de nosotros a fin de hacerla cada día mejor y más prospera.

> **Conforme a lo que tengamos en el corazón, eso hablamos; y conforme a lo que hablamos, somos.**

¿Y tú de dónde eres...?

Nuestro pasado, nuestra cultura

¿Debemos entonces, para comenzar a vivir una vida diferente como inmigrantes, desterrar de nuestras casas el lenguaje, las costumbres, las comidas del pasado? ¿Todo aquello que nos haga pensar y hablar del ayer, y solo tomar y comer aquello que forme parte del acervo cultural del lugar en el que habitamos?

¡No!

No estamos diciendo eso.

Lo que menciono, y en lo que te invito a pensar y reflexionar, es que todo lo que traes es nuestro maravilloso y apasionante bagaje cultural.

Nuestra cultura nos da el color para vivir una vida apasionante. Para ir por la vida con claros y bellos aromas, y con tonos de voz que al hablar cantan cada palabra y hablan más fuerte.

Nuestra cultura forma parte del inmigrante feliz. Eso somos. Y es lo que traemos para mezclarlo con otros sabores y aromas, para hacerlo parte y disfrutarlo, para llevarlo en alto.

Mientras el mundo cada vez se vuelve más indiferente y apático, el apasionante modelo de vivir latino le da color a cada nación donde hay inmigrantes felices formando parte de las comunidades.

En un mundo cada vez más frío de afectos no podemos guardar en el olvido nuestras raíces afectivas, y sí debemos sacarlas para darle calor a cada lugar en donde estemos.

> **Nuestra cultura es un regalo que debemos llevar siempre en alto.**

Nuestra cultura es un regalo que debemos llevar siempre en alto.

Y debemos disfrutarlo, y compartirlo, y entregárselo a otros.

Pero nuestro corazón debe ser el corazón del colono.

Cuando te pregunten de dónde tú eres, diles sin ningún tipo de prurito «de Boston», «de Los Ángeles», «de Nashville», «de Madrid», «de Chicago»... o de cualquiera que sea el lugar que te cobijó y donde tus hijos y tu familia están creciendo.

El lenguaje del inmigrante feliz

No son las circunstancias o las emociones las que determinan quién es y qué piensa un inmigrante, sino sus convicciones y compromisos. El hablar de él no es inocente. Ni es una descripción de hechos descarnados que tiene que cambiar. Pues siempre los hay. Y más en situaciones de desapego emocional y afectivo como el que vive cada inmigrante cuando toma la decisión de emigrar. O cuando llega a un lugar y todo le parece cosa de gigantes e imposibles.

Un ejemplo conocido por todos es el de Josué.

Luego de cuarenta años en el desierto podía haber sido solo una descripción del pasado. Sin embargo, fue un puente para el futuro de toda su gente.

Hablemos de cómo lo hizo Josué.

Vuelve a leer los momentos claves en su vida.

Uno de ellos fue cuando Dios mismo le habló y le dijo: «Moisés ha muerto».

Él sabía que Moisés había muerto.[1] ¿Qué era lo que Dios le estaba diciendo?

Le estaba diciendo que tenía que elegir si miraría atrás o adelante. Josué podía elegir tener un lenguaje del pasado, seguir siendo un ciudadano del desierto o de Egipto. Pero era la hora de ser un ciudadano de la tierra prometida.

Y esta era la gran invitación. ¿Con tu lenguaje vas a describir o vas a generar?

Te recuerdo que hasta ese momento nada había cambiado política ni geográficamente. Perdón, sí, algo había cambiado. ¡Estaban peor! Su líder había muerto. Sin embargo, tenían que elegir entre su pasado o su futuro.

Las grandes cosas suceden cuando hay hombres y mujeres comprometidos a cambiar las circunstancias. Y Josué tenía su gran oportunidad.

Y así fue que Josué se paró ante el pueblo y les habló de la tierra que Dios les había entregado, la que ellos tomarían como posesión y donde verían a sus hijos crecer y a Dios manifestarse.

No se paró a decirles que fueran a ver qué pasaba. Que creyeran que estaban de paso y que luego volverían a Egipto en busca de sus raíces.

Las raíces deben ser plantadas en tierra. No hay raíces solas. Y la tierra es la que riegas cada día, cuidas cada día. ¡Siembras cada día!

> **No son las circunstancias o las emociones las que determinan quién es y qué piensa un inmigrante, sino sus convicciones y compromisos.**

Hablemos como inmigrantes que diseñan el futuro, que viven mirando hacia adelante y que usan su lenguaje a fin de generar contextos de construcción de oportunidades para ellos y los que los rodean.

Hay que salir de la queja. Hay que salir de la descripción de lo que no pasa. Hay que dejar de usar el lenguaje para describir y empezar a usarlo para que las cosas sucedan.

Empecemos hoy a hablar de nuestro futuro, y él pronto se convertirá en nuestro presente.

Un inmigrante feliz vino para quedarse

¡Aunque sea tu primer día en tu nueva tierra puedes mirarte al espejo y declararle al mundo que tú tienes más futuro que pasado!

Y que llegaste para quedarte y para dar lo mejor de ti.

Algo debe estar mal en nuestra escala de valores, pues hemos esperado que como conquistadores nos den derechos de colonos, que como visitantes nos den trato de familia.

Conforme a lo que tenemos en el corazón somos, y eso es lo que hablamos.

Por eso debemos seriamente construir nuestra identidad, nuestro nombre, nuestro hablar, nuestro propósito.

En la antigüedad el nombre significaba quién serías.

Lo mismo debería suceder hoy.

Nuestro nombre y nuestro ser deberían reflejar lo que sucederá conmigo y con mi relación con los demás.

Si tuvieras que nombrarte nuevamente conforme hacia donde te diriges, ¿cuál sería tu nombre, de dónde les dirías que eres?

Eso seguramente redundará en aquellos que buscan que en la misma tierra que tú estés las cosas funcionen, la tierra florezca y las relaciones de unos con otros sean sanas. Pero tenemos que trabajar en quiénes elegimos ser para luego poder conversar con el vecino.

Para algunos quizás lo que les digo es muy duro, pero solo busco que tomen conciencia para poder ir hacia el éxito, para que puedan triunfar, para que las cosas sucedan. Para que puedan ser inmigrantes felices.

Levantemos una nueva generación de inmigrantes felices que no solo entregan su cuerpo o su tiempo, sino también su corazón, sus ganas, su vida, su nombre, su identidad, su lugar de origen.

Y cuando te pregunten de dónde eres tú, declara con la boca llena: «De Boston», y si te dicen: «Ah, ¿usted nació acá?», diles que aquí es donde entregaste a tus hijos, que es lo que más amas. «Aquí es donde conocí a mi esposa, donde pago mis impuestos, donde entrego mi corazón, mi pasión cada día».

Aquí es donde vivo. No donde sobrevivo.

Leía hace poco en Facebook las notas de un conferencista centroamericano que estaba dando unas charlas sobre finanzas para hispanos que vivían en Virginia, Estados Unidos.

Y en sus agradecimientos decía que era un honor apoyar a hermanos latinos que luchan por salir financieramente adelante en un país «lejos de su tierra» (las comillas me pertenecen).

Este es el corazón de los problemas. El paradigma del conquistador. Difícilmente puedan ver más y apreciar las virtudes del nuevo tiempo mientras sigan pensando que están lejos de su tierra.

Difícilmente este paradigma podrá ayudarlos a cabalidad mientras sean visitantes en casa ajena.

Si las condiciones en las que vives este nuevo tiempo son malas, deplorables, sin papeles, o en medio de gente no buena, llegó el momento de ser quien Dios te llamó a ser. A ser un inmigrante feliz y saber que los cambios comienzan en uno, no en leyes o papeles. Y cuando uno cambia, todo cambia. Y pronto esa manera de ser se vuelve cotidiana.

Que el gobierno del país que te ha recibido sepa que vienes como un nuevo colono a ser extraordinario y entregarle lo mejor que tienes. Seguro todo el resto vendrá, alineado y con bendición.

Que haga todo lo necesario para que te quedes, porque eres extraordinario.

Es tiempo de prepararnos para lo que viene. Para dar nuestro mejor esfuerzo, para ser los que fuimos llamados a ser. Pero para eso, como primera medida, debemos cambiar nuestro lenguaje en nuestras casas, en nuestras familias, con nuestros hijos.

Sueño que nuestra mayor ayuda al inmigrante sea para que se prepare, no importa la edad que tenga, para que posea valores y principios, no solo precio. Para que sea un nuevo colono en una nueva tierra y una posibilidad para los que lo rodean.

> **Llegaste para quedarte y para dar lo mejor de ti.**

Y que cuando reciba la ciudadanía con honores pueda decir: «Esto no es el principio sino la continuación. Porque ya hace años que entregué mi vida a esta tierra».

Recuerda y repasamos:

Primer principio: *Para ser un inmigrante feliz es necesario tener una visión poderosa.*

Y empezar a esperar en ese futuro.

Cuando todo y todos te estén diciendo que no hay futuro, que tú tienes más pasado que futuro, podrás decirles que te mantienes firme en la «espera».

Segundo principio: *Deja de ser conquistador de esta tierra. Si viniste a conquistarla, toma lo que buscaste y vete rápido.*

Ahora, si quieres ser un colono para una nueva generación, quédate. Forma parte de los nuevos colonos hispanos que están trayendo lo mejor que tienen a cada uno de los países que los reciben, para ir hacia lo extraordinario.

Tercer principio: *El poder está en ti. Uno de los problemas que tienen muchos es que simplemente creen que el poder está en los papeles, que el poder está en las circunstancias, que el poder está en otras personas. Posiblemente esté en los otros cuando tú no ejerzas tu poder personal. Pero el poder está en ti.*

Para ser un inmigrante feliz tienes que comprender que el poder está en ti.

¿Qué significa la palabra *poder*?

Hablemos más acerca de lo que significa el poder que un inmigrante feliz debe tener para hacer cosas e influenciar a su comunidad.

Llevamos muchísimos años entrenando a líderes en muchas naciones. Y estoy convencido de que he sido preparado para este tiempo con el fin de ayudar a todo aquel que desee ser un inmigrante feliz.

Una buena definición de la palabra *poder* es «la capacidad de acción efectiva».

Una definición sencilla es: «Él puede».

Para saber en qué áreas de tu vida estás teniendo poder simplemente pregúntate en qué áreas de tu vida «puedes». En lo material, en lo espiritual, en lo físico, en lo laboral.

En aquellas cosas en las cuales no tienes poder es donde tenemos que trabajar.

Poder es capacidad de acción efectiva. ¿En qué áreas necesito poder, capacidad de acción efectiva?

En qué áreas debo trabajar de una manera diferente para poder llegar a la efectividad que hoy no tengo, para llegar a lugares que hasta ahora no llegué? ¿Qué áreas necesito poder llevar adelante?

¿Qué nuevas capacidades tengo que tener?

¿Dónde está mi falta de poder?

¿En la capacidad?

¿En la manera en que acciono?

¿En la búsqueda de efectividad?

Tómate un tiempo y contesta estas preguntas que te llevarán al siguiente nivel en tu camino hacia ser un inmigrante feliz.

Algunos tienen la capacidad de hacer cosas, pero no logran ir hacia un nuevo nivel a pesar de tenerla.

¿No tienes acaso la capacidad de sonreír? Sin embargo, muchos no lo hacen.

¿O acaso no tienes la capacidad de amar? Y sin embargo se la guardan, no actúan.

> Una buena definición de la palabra *poder* es «la capacidad de acción efectiva».

Para ser un inmigrante feliz no solo hay que tener la capacidad, sino además actuar a partir de esa capacidad.

Por eso es tan importante entrar en procesos que te lleven más allá de la capacitación para llegar a ser un inmigrante feliz.

E ingresar en modelos de aplicación constante, de entrenamiento, de transformación, en los que las personas sean las que eligen ser, para llevarlos a la acción.

Tenemos que empezar a usar el poder que Dios nos ha dado para cambiar nuestra sociedad.

Llegar como un gran conquistador a la nueva tierra no es una capacidad de acción «efectiva». No mira hacia adelante. Solo mira hacia atrás.

Si empiezas a mirar como un nuevo colono de ese lugar bendito en el que hoy te encuentras, que elige derramar su amor y libertad de poder sobre esta tierra, ese poder no solo se manifiesta, sino que se multiplica.

Necesitas entender la importancia de tener poder. Cuando comienzas a comprender esto desde lo profundo de ti, comienza a suceder algo más grande que la motivación en tu vida, y eso es el *empoderamiento*, del que hablamos en el capítulo 11.

Algunos esperaban encontrarse en este libro un texto sobre «motivación». «Necesito, Héctor, que me ayudes a pasar cada día de penurias que tengo».

«Estoy amargado...».

«Me fue mal en la semana, necesito alguien que me motive...».

Y puede que la motivación calme tu angustia. Pero solo por un pequeño lapso de tiempo. Yo quiero llevarte a más que eso. Quiero empoderarte. Que el poder esté en ti. Que haya una genuina capacidad de acción efectiva en cada área de tu vida y que puedas ser un inmigrante feliz que eligió, por propio convencimiento, ser un nuevo colono de esta tierra. Y entregarle lo mejor que tienes. Y marcar una diferencia. Y ser de influencia en tu comunidad. Y trabajar por propósito y no solo por circunstancia.

Cuando eres empoderado, que es un paso más grande que estar motivado, eso queda en ti.

La motivación es un sentimiento que te mueve. El empoderamiento es una interpretación de la vida que te ayuda a distinguir y actuar.

Una condición básica para ir hacia el empoderamiento es la formación. Un paso intermedio más elevado es el mentoreo.

Pero lo que resulta superpoderoso es ayudar en el proceso de transformación. Y para eso necesitas entender que el poder tiene que estar en ti.

¿Qué significa que el poder está en ti?

Ser un inmigrante feliz no tiene que ver con las circunstancias de tu vida, de dónde vienes o cómo te encuentras.

Es tomar conciencia de que puedes diseñar un futuro «poderoso».

Que puedes caminar hacia el futuro con una mirada diferente y buscando generar los espacios necesarios para construir el futuro con el que estás comprometido, sin importar tu condición, tu estado o tu preparación académica.

Y esto es posible porque el poder está en ti.

¿Qué significa que el poder está en ti?

Que tú eres responsable de tu vida.

Como ya mencionamos, responsabilidad es una palabra compuesta por estos términos: «Habilidad para responder».

¿Tienes la habilidad para responder y cambiar la nación en la que vives? Claro que la tienes.

¿Tienes la habilidad para responder y hacer de este día un día maravilloso? Claro que la tienes.

No eres responsable de lo que pasa, pero sí eres responsable de cómo te relacionas con lo que pasa.

Y esto es lo más maravilloso que podemos compartir contigo en este siglo y ante cada circunstancia que día a día hacen la vida incierta.

Saber que «tú puedes» más allá de todo o de todos... eso es lo que nos permite ponernos de pie y caminar erguidos hacia adelante.

> **Comienza a tener un lenguaje conforme a tu futuro y no conforme a tu pasado.**

Por eso te invito a ser un inmigrante feliz, que hoy elige dejar atrás todo tipo de sufrimiento que hayas pasado, todo pensamiento de limitación, toda circunstancia que te dañó en tu travesía hacia donde hoy estás.

Que puedas sacar de tu vida todo miedo o enojo contra todo lo que no salió como deseabas.

Y contra aquellos que no hicieron las cosas como tú piensas que deberían ser hechas.

Conviértete en un ser responsable de su relación con lo que lo rodea. Camina erguido hacia tu futuro.

Prepárate en aquellas áreas en donde te está faltando algo para llegar a ser quien elegiste ser. Comienza a tener un lenguaje conforme a tu futuro y no conforme a tu pasado. Y cambia esa mentalidad de conquistador con la que llegaste. Y transfórmate en un colono de un nuevo tiempo. En alguien que está dispuesto a poner todo de sí para hacer crecer a esta nación.

¿Tienes la habilidad para responder, para llevar a tu familia a un lugar mejor?

Si pienso que responsabilidad es culpa o cargo, comienzo a buscar culpables de lo que no pasa.

¿Cómo puedo entrar en un proceso de responsabilidad?

En mi libro *Elige triunfar,* publicado por Grupo Nelson, se plantea que hay una gran diferencia entre *decidir* y *elegir.*[2]

Este concepto se convirtió en la base de ese libro, y sé que ha sido de ayuda a miles de personas. Hoy deseamos traértelo también a ti.

Decidir se refiere a las acciones que realizo basado en mis circunstancias.

Hemos visto a muchos llegar a una nueva tierra. Y a muchos irse.

¿Por qué decidieron irse? Muchas son las razones...

Aunque las circunstancias hayan sido muy duras o difíciles, el hecho es que decidieron irse.

Y no quiero decir que no haya momentos difíciles.

Pero en esos momentos «decido» o «elijo».

Hemos dicho muchas veces que el dolor es inevitable, pero el sufrimiento es opcional.

No poder salir a la calle, no poder manejar, no poder darles de comer a nuestros hijos, no poder tener credenciales, no poder tener un trabajo... ¡duele! ¡Y duele mucho!

El dolor es inevitable, pero el sufrimiento es opcional.

Y en un mundo de acciones rápidas y ritmo cambiante todo te invita a creer que el éxito estará en decidir más y más, y hacerlo poderosamente.

Decidir es estar más pendiente de las circunstancias que están a nuestro alrededor y caminando conforme a lo que pasa fuera de nosotros.

Y creemos que ser poderosos es ser muy bueno pudiendo sopesar las acciones que generaremos conforme al buen análisis de las situaciones. Sin embargo, en un mundo tan cambiante siempre estaremos dudosos y con incertidumbre.

Por eso debo preguntarme hoy: *¿Cómo vivo mi vida, decidiendo todo el día, o vivo eligiendo?*

Elegir no es decidir.

Elegir se refiere a aquellas acciones que tomo basadas en mi visión y mis compromisos.

Aunque nos vaya mal y nos duela, seguimos eligiendo. Un inmigrante feliz no basa su felicidad en las circunstancias, sino en sus elecciones. Y ellas son las que lo llevan hacia su visión, hacia su compromiso, hacia su futuro.

Elegir es clave para el inmigrante feliz. En medio de tantas vicisitudes; de tantas personas en las cuales uno no sabe si confiar o no; en medio de martirios, persecuciones, trabajos ingratos y sacrificio constante, la única salida del inmigrante es... ¡elegir!

Y no siempre las cosas te salen bien. Desde el momento en que elegiste salir hasta hoy encontraste excusas para bajar los brazos. Pero cuando tú sabes hacia dónde vas, todas las circunstancias te sirven para llegar allí.

Si uno tiene futuro, del pasado se aprende; si uno no tiene futuro, el pasado te aplasta.

Recuerdo el caso de un inmigrante que llevaba quince años en su nueva nación.

Una nación que le había dado la posibilidad de educar a sus hijos, que lo ayudó a él y a su familia a mejorar su calidad de vida.

Él había tenido la posibilidad de progresar y ser agradecido.

Sin embargo, todas sus conversaciones eran sobre la falta de posibilidad; seguía trabajando en lo mismo que había comenzado a hacer el primer día que llegó, y se pasaba el día blasfemando contra su nación de origen y sus gobernantes.

Un día lo escuché decir: «Yo no tengo futuro, solo vivo a través de lo que mis hijos hagan».

Elegir es clave para el inmigrante feliz.

Era un inmigrante que había ingresado indocumentado hacía dieciséis años antes de esa frase. Que todo el tiempo vivió quejándose de su país natal y reaccionando a las circunstancias. Que tenía más pasado que futuro y que estaba a la espera de lo que los demás pudieran hacer por él, en vez de ser él una posibilidad para los demás.

El afuera era más importante que el adentro. Y como el afuera no era lo que él esperaba, se refugiaba en la autojustificación de que solo podía tener futuro a través de sus hijos.

Era un buen hombre. Pero abatido por un modelo, por una manera de pararse ante el mundo, por una mirada ante la vida. Salió como un conquistador y terminó doblegado.

Esta actitud la vemos en miles y miles de inmigrantes en muchos países. Se dejan avasallar por las circunstancias, y doblegar por los sentimientos de extrañar y recordar su vieja vida.

Quizás ni siquiera tuvieron una vieja vida, pero la cultura y la historia están impregnadas en sus modelos mentales, y su falta de diseño del futuro hace que emerjan cotidianamente en su lenguaje, en sus miradas, en sus emociones.

Deciden desde los sentimientos. Deciden desde las circunstancias. Deciden desde las injusticias.

Y como solo aprendieron a esperar en otros, deciden esperar que otros se ocupen de sus problemas.

Un inmigrante feliz elige. Sabe hacia dónde va, y por más imposible que parezca, o lejano, o costoso, se mantiene comprometido con mirar desde allí.

Las grandes fortunas fueron forjadas por inmigrantes que eligieron hacer de la nueva tierra su tierra. Y que vivieron con un propósito y no determinados por las circunstancias. Vive tú también con propósito. No importa lo que hagas más que como lo hagas. Que todo a tu alrededor sepa que elegiste vivir en la entrega y no en el intercambio, en la superación y no en la limitación, en la posibilidad y no en la excusa. En el futuro y no en la historia.

Pregúntate hoy: *¿Soy de los que eligen o de los que deciden?*

¿Son más las elecciones en tu vida o las decisiones basadas en circunstancias fuera de ti?

Si solo decides estarás un día bien y uno mal. Si eliges, sin importar lo de afuera, internamente sabrás que algo cambió y que lo nuevo y maravilloso comienza a suceder.

Es un buen día para elegir ponerte de pie en medio de la sociedad que será espectadora de lo que viene.

Y decirle a esta patria: «¿Sabes? ¡Yo soy ciudadano de este lugar! ¿Todavía no te diste cuenta?».

Va a llegar el momento en que te percatarás de que elegiste ser un colono y entregarle lo mejor a esta nueva tierra.

Y que no vienes de paso ni a probar suerte.

Vienes a esta tierra a quedarte, a entregarle lo mejor que tienes, a sembrar en ella tu futuro y el de tus próximas generaciones.

Este es tu lugar, esta es tu casa y eso te hace un inmigrante feliz.

> **Un inmigrante feliz elige. Sabe hacia dónde va, y por más imposible que parezca, o lejano, o costoso, se mantiene comprometido con mirar desde allí.**

Para ser un inmigrante feliz dijimos que se debe desarrollar una visión. Te conviertes en un colono. Comienzas a empoderarte con capacidades de acción efectiva y eliges actuar conforme a tu visión.

Deben estar dispuestos a llegar a ser los nuevos colonos de la tierra que los cobija, a ser inmigrantes felices, a hacer de esa tierra su lugar de futuro.

Llegó el momento en que la gente se acerque a preguntarte por qué sonríes, por qué a ti te va bien, por qué a ti te salen las cosas. Y que tú puedas responderle que hubo un día en que elegiste ser un inmigrante feliz más allá del pasado, de la angustia, de las circunstancias, y que te pusiste de pie en tu corazón para darle a tus hijos y la sociedad lo mejor que tenías.

Perseveremos en esto. ¡Vayamos por más! Elijamos subir al siguiente escalón en nuestras relaciones y desafíos.

Entrenémonos para triunfar

1. ¿Qué te hace tener la mente y el corazón en tu tierra de origen?

2. ¿Cómo puedes generar cambios en este sentido y comenzar hoy a mirar hacia el futuro? ¿Qué estás comprometido a hacer para que suceda?

3. ¿En qué áreas debes trabajar de una manera diferente para poder llegar a la efectividad que hoy no tienes, para llegar a lugares que hasta ahora no alcanzaste? ¿Qué áreas necesitas poder llevar adelante? ¿Qué nuevas capacidades tienes que tener? ¿Dónde está tu falta de poder? ¿En la capacidad? ¿En la manera en que actúas? ¿En la búsqueda de efectividad?

4. Escribe en el foro acerca de esta experiencia y comparte con los demás tu elección de hoy de ser un inmigrante con mente, corazón y lenguaje de nueva tierra. Solo tienes que ingresar a www.seuninmigrantefeliz.org/foros.

Capítulo 14

SOLUCIÓN 8: EL MODELO SURF PARA LOS CONTRATIEMPOS

El remo como deporte ante el contratiempo

Muchos inmigrantes solo saben vivir la vida como si su deporte favorito fuera el remo.

¡Pasan años y años remando en la vida, en busca de llegar a puerto con el bote sano y sin contratiempos!

Se suben al bote de sus circunstancias, y empujan, y empujan.

Y si son varios, uno deja de mirar hacia adelante, comienza a mirar a los remeros y les grita: uno, dos. ¡Y qué problema si entra agua en el bote! ¡Todos se detienen tratando de sacar el agua para que el bote no se hunda!

¡Para ser un inmigrante feliz debes dejar de remar!

¡Cambia de deporte!

Un buen deporte para dejar de andar por la vida sacando agua es el surf.

El surfista mira hacia adelante con la cabeza erguida. Si mira para un costado se cae, si mira para atrás se cae. Y él lo sabe. Necesita que sus pies estén flexibles y no rígidos. Y lo más importante, no le tiene miedo a las olas. Va cada día en busca de la más alta. Por eso, no remes más. Párate en la tabla de la vida y surfea sin miedo. Erguido, mirando hacia adelante, flexible. ¡Podemos ayudarte! ¡Sé un inmigrante feliz y ve por tu mejor ola!

Tabla o bote

Para convertirte en un inmigrante feliz debes cambiar el deporte al que estás acostumbrado. «Pero si yo no hago ningún deporte», escucho decir a varios de ustedes.

De lo que hablo es de esa manera que tenemos de encarar la vida, las acciones, cada una de las circunstancias. Pareciera ser que somos excelentes profesionales de uno de los deportes de más renombre en los siglos pasados, remar en bote.

El deporte del siglo pasado era el remo. Se practica en un bote con varios hombres acostumbrados a hacer fuerza y un líder que no mira hacia la meta, sino a sus remeros. Es un deporte de esfuerzo. Inclino todo mi cuerpo hacia adelante y busco hacer la fuerza suficiente para que los remos muevan el agua.

Esfuerzo, dedicación.

Y cuando había una circunstancia difícil, como cuando el agua entraba al bote, se desesperaban, porque pensaban que el bote se hundía, y trataban por todos los medios de sacar el agua.

Muchos inmigrantes viven este modelo. Se levantan en la mañana y reman. Le pagan la mitad y reman, no llegan a fin de mes y les entra agua en el bote y sacan el agua... ¡y siguen remando!

Cambiemos por el surf

El inmigrante conquistador cree que con mucho esfuerzo y remo denodado logrará su propósito.

Seguramente el sacrificio y el esfuerzo ayudan, pero este modelo genera una mentalidad que empuja, pero no produce.

Quedas toda la vida sujeto a que no entre agua en el bote.

Con mucha tristeza escucho las noticias de personas que habían invertido en una casa en su lugar de origen todo lo que ganaron en otra tierra como inmigrantes conquistadores, y en segundos un sismo acabó con ella. Un remero está a merced de las circunstancias.

Conocemos de muchos remeros profesionales que llevan diez, veinte o treinta años remando en una profesión que no les gusta o frustrados por no poder hacer más, y sí hacen cada día «más de lo mismo».

Se levantan cada mañana para remar.

En el mar de la vida salen cada día a esforzarse, llegar al puerto lo más rápido posible y sin agua en el bote.

Reman en profesiones o en lugares que no les apasionan solo por el hecho de saber la importancia de remar y remar.

El nuevo modelo del siglo veintiuno ya no es el remo, sino el surf.

Una de las primeras cosas que hace el surfista es estar flexible. Sus piernas se flexionan. El remero tiene que estar rígido poniendo todo su foco en su fuerza. El surfista pone todo su foco en su flexibilidad.

> **El nuevo modelo del siglo veintiuno ya no es el remo, sino el surf.**

El surfista tiene la cabeza mirando hacia adelante. Si mira para atrás se cae, si mira hacia el costado se cae, si mira para abajo se cae. Siempre mirando hacia adelante, erguido.

Un inmigrante feliz surfea cada día, mira hacia adelante. Sabe que mirar hacia atrás ya no alcanza, y mirar lo de los demás o a los costados no sirve. Que debe cada día pararse firme, subir a la tabla y mirar hacia adelante.

En busca del *point*

El surfista va siempre en busca del point.

Hace unos años mi amigo Guillermo Aguayo y yo almorzábamos en el muelle de Lima, en un pintoresco restaurante.

Al lado, docenas de surfistas tomaban sus tablas y sin prisa y sin pausa braceaban mar adentro. Guillermo practicó toda su vida este deporte, y con maestría me dijo que lo primero que debían hacer era ir en busca del *point*. Cuando le pregunté qué era el *point* me explicó que era ese sitio donde ya no hay correntada.

¿Qué es el *point?*

Los surfistas bracean y nadan hasta llegar al punto donde no hay correntada.

Necesitan encontrar ese punto donde poder pararse encima de la tabla y diseñar el futuro.

¡Qué excelente ejemplo para un inmigrante feliz!

Muchos no logran el resultado extraordinario porque no van en busca del punto, solo ven que hay correntada, pero al tener miedo de alejarse de la orilla o de que esa correntada los domine se terminan entregando.

El inmigrante conquistador rema y rema con esfuerzo hasta buscar su objetivo, tratando de que no le entre agua al bote y preocupado por llegar.

El inmigrante feliz va en busca del punto. Se sube a la tabla de las situaciones con una visión de futuro, erguido y yendo por la ola más grande, por el desafío que haga historia.

El surfista sabe que luego de la correntada viene la bendición.

Y bracea en busca del *point.*

Bracea en busca de ese lugar donde podrá pararse encima de la tabla y lograr resultados que hasta ahora no logró.

El surfista no tiene problemas con la corriente, porque sabe que va a llegar un momento en el que vendrá la gran ola.

Ese almuerzo fue muy aleccionador para mi vida.

Conocí el modelo de mirada y entrenamiento que un inmigrante feliz debe usar en su desarrollo y crecimiento como un nuevo colono.

Mi amigo me siguió relatando aquellas cosas que hacían del surf un deporte del cual podemos aprender.

Mientras, los veíamos llegar al *point* y buscar la mejor ola. No dudaban. Sistemáticamente, cada uno se paraba con poder encima de la tabla.

Le pregunté a Guillermo sobre eso. Y él me explicó que la clave es pararse de una vez. No lo hacen en tres o cuatro movidas, sino en uno.

Un inmigrante colono de una nueva tierra decide parase de una vez en la tabla de su futuro, de sus oportunidades, de quien elige ser. No se convierte en un nuevo colono cuando todo está bien y el mar está calmo, sino luego de bracear, y al encontrarse con la primera ola, se pone de pie en un movimiento.

Y rápidamente ubica todo su cuerpo en función del desafío que está por venir.

Ser un inmigrante colono y dejar de ser un inmigrante conquistador es estar erguido con la cabeza hacia adelante, con las piernas flexibles, parado en la tabla de las oportunidades y eligiendo diseñar el futuro.

¿Tendrás circunstancias adversas? Sí, seguramente.

No se sube hacia nuevos niveles en la vida sin viento en contra. Pero ese mismo viento es el que te ayuda a crecer.

Recuerda... diseñar el futuro y dejar de remar te permitirá aprender del pasado por más oscuro que este haya sido.

No fuiste traído hasta aquí por nada, sino que eres una posibilidad para esta nueva tierra. Para entregarle lo mejor que tienes y lo mejor que eres. Párate de una vez en la tabla de las oportunidades y no le tengas miedo a la gran ola.

El surfista se para de una vez.

No se para poco a poco en la tabla. No se trata un deporte progresivo. Se para de un movimiento.

Muchos inmigrantes que en sus mentes siguen practicando el deporte del siglo pasado tratan de hacer todo en partes, lentamente, poco a poco.

Y treinta años después están igual que cuando llegaron. No. Igual no. Peor. Porque a eso le suman la frustración de no haber crecido y de seguir peleando con las mismas cosas que cuando llegaron.

Sin embargo, el deportista en crecimiento del siglo veintiuno se pone de pie en un movimiento.

Y apenas se para, pone sus piernas flexibles, sus brazos extendidos, su mirada erguida hacia adelante, y sale en busca de la mejor ola.

Hoy elijo no solo vivir en esta tierra, sino también entregarle mi corazón, todo mi ser.

Le digo a Dios: «Te prometo que hoy me levantaré sobre la tabla de la vida, dejaré un legado en este lugar, y la gente verá que desde mi casa, desde mi familia, desde mi organización, se viven principios para toda la nación.

Los surfistas buscan siempre la mejor ola.

Nunca encontrarás a un surfista que se conforme con la ola más pequeña y segura.

Ellos van en busca de la mejor ola. Día tras día.

Desafío tras desafío.

No esperan acostumbrándose a lo que ya sucedió, sino que van por más.

El surfista no está preocupado porque tiene agua en la tabla.

Mientras que el remero pierde su tiempo en sacar el agua del bote por temor a hundirse, al surfista no le preocupa que su tabla se moje, y se ocupa de ir en busca de la mejor ola.

Perdemos mucho tiempo tratando de subsanar los errores de ayer que hacen que mi bote «haga agua». Y en estos tiempos de nuevas y constantes olas necesitamos estar listos para la siguiente. Si tengo futuro, del pasado se aprende. Y esa debe ser mi actitud en este día.

Es cierto que muchísimas historias de inmigrantes son historias de tristeza, desgarro y, en algunos casos, profundo dolor. Pero hay que subirse a la tabla e ir por lo que viene. Y si todavía mi pasado «hace agua», prepararme para un futuro mejor con la mirada puesta en él.

Hablar del pasado, pensar en el pasado, limpiar el pasado, muchas veces

> **No se sube hacia nuevos niveles en la vida sin viento en contra. Pero ese mismo viento es el que te ayuda a crecer.**

solo hacen que me ocupe de sacar el agua del bote y no vaya a ningún lado. Que me quede paralizado como un inmigrante recordado que trata de cubrir el ayer con las acciones del mañana. ¡Hoy es un nuevo día! Debo dejar de preocuparme por si mi tabla tiene agua, y pararme en ella hacia la próxima ola.

¿Será que no todo está bien? ¿Será que alguna acción de ayer todavía trae consecuencias hoy? Pues bien. ¡No te detengas! ¡Aprende de ellas!

Las consecuencias del ayer se resuelven en un contexto con un compromiso hacia el futuro.

Si yo diseño el futuro, posiblemente cualquier consecuencia sirva para aprender, para crecer o para ser mejor. Si diseño las consecuencias en un contexto del pasado, solo buscaré subsanar un tiempo que ya no es, en un lugar que no es el mismo y mirando para el lado equivocado.

Todos tenemos alguna situación de ayer de la que nos arrepentimos. O algún agujero en el bote que tratamos de reparar, o alguna acción que haríamos lo que fuese para que no hubiera sucedido.

Pero la mejor manera de que todo eso me sirva para ser mejor y hacer mejor las cosas es pararme encima de la tabla e ir por una ola mejor.

Es buscar darle lo mejor que tengo a mi futuro en la nueva tierra que elegí y construir allí todo lo que pueda para aprender del ayer.

Un inmigrante feliz no es feliz porque todo le va bien, porque no tiene problemas o porque todos lo vitorean a su paso. ¡Es un inmigrante feliz porque tiene más futuro que pasado!

Porque construye como colono una nueva manera de ser. Aprende del ayer y se compromete a ser entrega y posibilidad en el nuevo hoy. Elige vivir con la cabeza erguida, yendo por la vida buscando hacer cada día las cosas mejor.

Pararme en la tabla de la vida es salir a hacer cada día un mejor día y aprender de él.

Un inmigrante feliz va por la siguiente ola.

Él sabe que cada ola es diferente a la anterior. Nunca vas a escuchar a un surfista decir que quiere las olas más pequeñas. ¡Ellos quieren las olas más grandes!

¡Qué ejemplo maravilloso para vivirlo hoy! Elegir pararte sobre la tabla e ir en busca de la mejor ola.

¡Qué hoy sea el primer día del resto de nuestras vidas! Debemos dejar de preocuparnos porque el bote tiene agua y cambiarlo por una tabla.

Una de las claves de un inmigrante feliz que se compromete a ser un nuevo colono de un nuevo tiempo es que convierte cada crisis en una oportunidad para aprender más y desafiarse a más.

Hoy puedes comprometerte contigo, con tu familia y con tu comunidad, pararte sobre la tabla de tu futuro e ir por el desafío más grande. ¡Y ser un inmigrante feliz!

Entrenémonos para triunfar

1. Elige tres de las características mencionadas que crees te pertenecen.
2. ¿Qué acciones te comprometes realizar en estos días para cambiar de conquistador a colono? Llévalas a cabo con esmero y sin importar las circunstancias.
3. Escribe en el foro acerca de esta experiencia y comparte con los demás las elecciones para dejar de ser un conquistador y comenzar a ser un colono de una nueva tierra. Solo tienes que ingresar a www.seuninmigrantefeliz.org/foros.

Capítulo 15

SOLUCIÓN 9: VIVE Y ENTIENDE EL CONCEPTO «FRATERNIDAD»

E n toda la historia a través de los siglos hemos conocido de grupos de personas que dan más que otros, que llegan a vivir momentos extraordinarios, que marcan una diferencia en su medio ambiente.

Un inmigrante conquistador solo está pensando en sí mismo. No está pensando en trascender, ni siquiera en poder ser uno con otro.

En los tiempos actuales vivir y pensar por uno está de moda, y lo vemos en cada país y en cada rincón. Pero esto también genera sociedades egoístas, hombres y mujeres sin afecto ni sentido, y espacios sin comunicación.

Podemos cambiar esto.

Los inmigrantes vivían envueltos en medio de fraternidades en las cuales todos pensaban en el bien común.

No pensaban en el afecto y el amor como un medio, sino como un principio.

Hoy escuchamos, con gran tristeza, a comunicadores enseñar a boca abierta que hay que ser simpáticos y sonreír como una vía para llegar a relacionarse poderosamente.

Eso genera personas con resultados, pero en medio de la desconfianza y el desamor.

Los doce años que estuvieron preparándose los primeros colonos que llegaron a América, que salieron de las Islas Británicas y vivieron en Holanda, que juntaron dinero, recursos y fuerzas, transcurrieron sobre la base de comprender y vivir el concepto de fraternidad desde su interior.

El bien común estaba por encima del bien personal.

El amor por el otro estaba por encima del amor por ellos mismos y sus objetivos.

Saber que hay personas en las que se puede confiar y que te aman está por encima de todo y se convierte en una fuerza energizante que mueve multitudes.

Se ha descubierto que los soldados extrañan la guerra. Aunque resulte paradójico el hecho de que ellos extrañen el lugar que les ha producido los peores traumas, donde estuvieron tan cerca de la muerte y donde vieron las más terribles situaciones, es verdad. Extrañan.

Un reportero de guerra muy conocido, Sebastian Junger,[1] ha hablado acerca de esto en diferentes presentaciones.

Él ha reportado durante veinte años en diferentes guerras y le resulta muy raro el hecho de que los soldados terminan extrañando la guerra. En sus análisis ha descubierto esto, dejándonos una de las enseñanzas más maravillosas que podemos llevar a cabo para ser agentes de transformación en nuestras comunidades e inmigrantes felices.

> **El amor por el otro estaba por encima del amor por ellos mismos y sus objetivos.**

Se conoce el caso de soldados que han experimentado fuertes experiencias en la guerra, que han pasado días y días a punto de morir de modo que sus compañeros de combate eran toda su familia. No obstante, se ha escuchado en diferentes presentaciones que estos soldados llegan a sus casas y extrañan la guerra.

Uno podría creer que son masoquistas o que no tienen conciencia de lo que les ha acontecido. Sin embargo, no es así. No extrañan matar a personas. No extrañan ver morir a sus amigos. ¿Qué es lo que extrañan? Echan de menos la fraternidad. Extrañan lo contrario a matar. Les hace falta la conexión con los camaradas con quienes estaban. La *amistad* ocurre en una sociedad, pero la *fraternidad* es diferente. No tiene que ver con lo que uno siente por el otro. Más bien es un acuerdo mutuo dentro de un grupo en el que se pone el bienestar y la seguridad de todos los miembros por encima de los intereses propios.

Por eso es que los soldados llegan a sus hogares y encuentran que, luego de tener una experiencia de un grupo pequeño en el cual todos amaron al otro más que a ellos mismos, la añoran.

Regresan a sus casas sin saber en quién pueden confiar ni a quién pueden amar, sin saber exactamente lo que sus conocidos pueden hacer por ellos. Y quieren regresar a vivir ese sentimiento de fraternidad.

La fraternidad, en aquellos momentos en que la vida está en juego, hace que uno quiera vivir la vida de todos los días con esa sensación.

Hasta estás dispuesto a pasar por lo terrible de la guerra con tal de ganar lo excelente de la fraternidad.

En estos tiempos debemos comenzar a generar espacios de fraternidad, en los que podamos confiar los unos en los otros y combatir contra el desapego, el egoísmo y todos aquellos gigantes que desean llevarnos nuevamente al desierto.

Volver a adoptar los modelos de fraternidad que los soldados tienen representa mucho más que amor, es honra, es pensar en el otro como más que uno mismo y es entender el concepto de equipo por sobre todo.

Imagina tu negocio con el concepto de fraternidad que viven los soldados y el que extrañan cuando no lo tienen. Imagina tu organización con modelos en los que todos estén dispuestos a morir por el otro sin importar su raza o color, sus estudios o su dinero, pero en los que sí importa el compromiso con la relación fraternal de inmigrantes y nuevos colonos de una tierra de bendición.

Solo detente un momento y piensa en la cantidad de inmigrantes que has visto clavarle un puñal por la espalda a quien les ha dado una mano, les ha abierto la puerta de su casa o ha sido hospitalario con ellos.

Un inmigrante feliz, nuevo colono de un nuevo tiempo, es un hombre o una mujer que comprenden el concepto de fraternidad más que cualquier otro y que van en pos del bien común.

Sé un inmigrante feliz que cada día elige poder serlo

Llegó el momento de que todos los que estamos acá seamos inmigrantes felices.

Para esto tenemos que cambiar nuestros pensamientos, nuestros paradigmas, desde dónde miramos las cosas.

Algunos creen que lo que necesitamos es un cambio de papeles. Pero eso no es todo. Mañana, cuando tengamos esos documentos con los que hoy no contamos, seguiremos teniendo la misma manera de pensar que hoy, pero con nuevas oportunidades, con nuevas reglas.

No podemos ir hacia nuevos lugares con viejas formas. Una nueva manera de ser es necesaria para los tiempos que se avecinan. Debemos aprender a ser inmigrantes felices.

Somos únicos y especiales. No hay dos como tú, y fuiste además creado con un propósito. No estás en esta vida solo para pasar por ella, sino para poner tu toque.

Ser un inmigrante feliz lo que busca es que puedas entrenarte en tu manera de ser para que tu hacer sea aun más poderoso.

El concepto de fraternidad es una brillante opción para todos los inmigrantes de un lugar. Implica comenzar a hacer declaraciones y pactos con aquellos con los que hoy tenemos una amistad para cuidarnos las espaldas, para alentarnos unos a otros, para caminar hacia el futuro sabiendo que alguien está apoyándonos.

Pensar como inmigrantes desde la fraternidad no solo nos hará ganar la guerra, sino que nos permitirá pararnos firmes contra las injusticias y caminar unidos en pos de espacios más poderosos, pero sabiendo que en medio de la batalla elegimos ser fraternos unos con otros.

¿Qué pasaría si hiciéramos compromisos de fraternidad unos con otros para poder ir hacia lugares más poderosos? ¿Qué pasaría si hoy eligiéramos cuidar las espaldas de quien está en necesidad y decirle que no está solo en un mundo contra el que pelea cada día, que estamos allí para acompañarle y que juntos podamos influenciar y servir en medio de nuestra comunidad? Poder ir en búsqueda de la felicidad implicará también un compromiso con el otro, con lo social, con el medio en el que nos movemos. Y el camino para hacerlo se basa en un corazón fraterno y dispuesto a diseñar un futuro mejor para todos.

> **Llegó el momento de que todos los que estamos acá seamos inmigrantes felices.**

Hay algunos que han llegado hasta la lectura de este libro con gran cantidad de historias y límites que solo hablan del sufrimiento que es ser un inmigrante en una nueva tierra.

Se cuenta que hasta en los países más avanzados, donde el gobierno recibe con dinero, becas de estudio, alimentación y alojamiento a los inmigrantes, estos viven presionados por la segregación, por la falta de espacios sociales, por no poder tener amigos.

Ser inmigrante sabemos que no es fácil, pero tú puedes hacer que tu viaje hacia un futuro diferente se convierta en un viaje hacia un futuro diferente apasionante. Elige hacerlo.

Podemos terminar con las circunstancias que nos tienen agobiados. No porque ellas cambien, sino porque nosotros podemos incorporar nuevas distinciones y herramientas para llegar a ser inmigrantes felices.

¿Te fue mal la semana pasada? Estamos en un excelente momento y contexto para cambiar.

¿Sabes cuál es la diferencia entre los ganadores y los perdedores? Todos tienen adversidades. ¿Creías que los exitosos no tienen adversidades? Error. Sí las tienen. La diferencia está en la manera en que se relacionan con la adversidad.

El que triunfa, el que tiene éxito, es aquel que ve la adversidad como una nueva oportunidad para crecer, para aprender, para ser desafiado.

Es quien ante la adversidad dice: «¡Me equivoqué, mañana lo voy a hacer mejor!».

Aquel que ante la adversidad declara: «Ayer no traté a mi familia como la debía tratar. ¡Hoy tengo la gran oportunidad para cambiar eso!».

¡Hoy es el primer día del resto de tu vida!

> **Ser inmigrante sabemos que no es fácil, pero tú puedes hacer que tu viaje hacia un futuro diferente se convierta en un viaje hacia un futuro diferente apasionante.**

Entrenémonos para triunfar

1. Es un buen día para darles a tus amistades la distinción de la fraternidad. Haz un pacto con alguno de tus amigos íntimos, un pacto que incluya estar para el otro, y apoyarse en las buenas y en las malas.
2. Estudia en detalle qué actividades fraternas hay en tu comunidad y participa en alguna de ellas.
3. Escribe en el foro acerca de esta experiencia y comparte con los demás las elecciones para dejar de ser un conquistador y comenzar a ser un colono de una nueva tierra. Solo tienes que ingresar a www.seuninmigrantefeliz.org/foros.

Capítulo 16

SOLUCIÓN 10: MIRA LO QUE TE FALTA Y NO LO QUE NO TIENES

Un inmigrante feliz no es un conquistador, es un colono

Los hispanos fuimos entrenados bajo los sistemas de pensamiento, los paradigmas y la educación del español.

El español conquistó las nuevas tierras. A diferencia del americano, que fue colonizado por los británicos.

¿Qué diferencia hay entre un caso y el otro? Mucha. Porque es de donde venimos. Son nuestros paradigmas, nuestras distinciones.

Vivimos en una sociedad en la que ya no importa solo lo que sabes, sino lo que ves.

Ya hemos mencionado la importancia de no solamente saber más, sino de distinguir más.

Hay una gran cantidad de personas que saben mucho, pero no ven nada.

Por eso este libro.

A fin de ayudarte a saber más o capacitarte para poder vivir a plenitud tu vida, y también para ver más.

Ser un inmigrante feliz no es un concepto de conocimiento, sino de distinciones.

Creemos que si puedes ver lo que hasta ahora no viste, podrás hacer lo que hasta ahora no hiciste.

Los hispanos fuimos conquistados. Y con ese concepto en nuestra valija salimos hacia nuevas tierras.

Por eso es que muchos todavía no pueden ser inmigrantes felices.

Tenemos que salir del paradigma del conquistador y entrar en la mirada del colono.

Estados Unidos, en los años de 1700, tuvo colonos que eligieron cambiar su vida y desde allí cambiaron la vida de toda América.

Cuando en Boston comenzó la independencia americana, esto se convirtió en un mover por todo el continente que llegó hasta las naciones donde muchos de nosotros hemos nacido.

Luego de haber llegado a estas tierras y de haber puesto su mejor empeño en hacerlas producir llegó un tiempo en el que había que elegir entre el ayer o el mañana.

> **Vivimos en una sociedad en la que ya no importa solo lo que sabes, sino lo que ves.**

¿Derramo ganancia y recojo principios?

El martes 16 de diciembre de 1773 tuvo lugar en Boston el denominado «Motín del té» (en inglés: Boston Tea Party), en el que se lanzó al mar todo un cargamento de té. Fue un acto de protesta de los colonos americanos contra Gran Bretaña y es considerado un precedente de la Guerra de Independencia de Estados Unidos.

Los colonos derramaron el té en el puerto de Boston.

Hombres y mujeres de esa época tomaron una decisión fundamental para la vida de un inmigrante feliz.

Eligieron derramar ganancias para recoger sus principios.

Hoy estamos en un mundo al revés. La gente, por ganar un poco de dinero, derrama sus principios para recoger ganancias.

Ellos son un ejemplo avasallador para todos los que elegimos ser inmigrantes felices, nuevos colonos para nuevos tiempos.

Los protagonistas de Boston y su ejemplo nos pueden permitir llegar en la historia a lugares a los que todavía no hemos llegado.

Estos hombres le enseñaron a toda América que ellos no iban a entregar sus principios aunque estuvieran en juego sus ganancias. Y promovieron el inicio del cambio de la historia de toda América.

¿Por qué no creer que nosotros podemos hacerlo también?

Convertirnos en los nuevos colonos de una nueva tierra que enarbolen la bandera de sus principios y de su entrega a la tierra que los bendijo y los cobijó, y ser desde allí una nueva posibilidad para un mundo que necesita de más y más colonos que se pongan de pie y proclamen sus principios.

Estar parado en el puerto de Boston y mirar esa bahía me hizo pensar mucho acerca de este concepto.

Un mundo de hombres y mujeres defendiendo ideales, defendiendo modelos, defendiendo un estilo de vida de libertad. Aunque eso ponga en juego nuestras ganancias.

Desde el puerto de Boston se derramó en toda América un grito de libertad, de amar esta tierra como propia, de mirar hacia el futuro. Y la valentía y la gallardía de estas personas fue ejemplo para muchos.

Creo fervientemente que ser nuevos colonos en nuestra manera de pensar nos ayudará a comprender que estamos en este lugar con un propósito.

Que no he sido traído hasta acá solo porque me vendieron mis hermanos o porque hui del hambre o las circunstancias. Sino porque hay un propósito para mí en esta nueva tierra, a donde vengo para entregarle todo lo que tengo y, si fuera necesario, morir por ella.

Un inmigrante con el corazón partido solo es una visita que se queda mucho tiempo. Un nuevo colono, un inmigrante feliz, es aquel que viene para quedarse, para echar sus raíces y crecer.

Mirar hacia adelante con optimismo te ayudará a echar raíces y crecer.

Un inmigrante feliz piensa en lo que le falta y no en lo que no tiene

Poder encontrar un futuro prometedor para nuestras familias y nuestras propias vidas no depende solo de las circunstancias, sino de la manera en que me relaciono con ellas.

Y una de las más importantes cosas que un inmigrante debe comenzar a hacer es dejar de pensar desde lo que no tiene y comenzar a pensar desde lo que le falta.

¿Qué diferencia hay entre estas dos posturas?

Mucha. Cuando solo miro desde lo que no tengo estoy poniendo mi vista en lo que pasa o en lo que pasó. Cuando miro desde lo que me falta pongo mi vista en lo que va a pasar.

Necesitamos hacer el ejercicio de construir hacia dónde queremos ir.

Tomarnos el tiempo para conversar con nuestras familias qué deseamos que suceda en nuestras vidas en los próximos años.

Si yo no elijo, alguien lo hará por mí.

Si mi familia no elige, alguien o algo lo hará por ella.

Y cuando tengamos claridad del futuro hacia el que deseamos ir debemos volver a nuestro presente, sea cual sea, y comenzar a pensar en lo que nos falta y cómo hacerlo parte de nuestras vidas.

Muchas veces nos vemos envueltos en infinidad de acciones que creemos nos llevarán hacia donde deseamos ir, pero con los años nos encontramos igual que antes. O peor, porque estamos cansados y agotados sin ver lo que buscábamos.

Es hora de observar y hablar desde la visión antes de actuar.

Es hora de observar y hablar antes de reaccionar.

Si comenzamos a comprometernos a tener un lenguaje diferente y diseñar hacia dónde queremos ir, empezará a aparecer todo aquello que nos falta para llegar allí.

Una nueva energía nos inundará en el desafío de ir por lo que nos falta. Y caminaremos seguros en busca de ello.

Muchos inmigrantes desfallecen en la tarea de construir como colonos el futuro al que fueron llamados simplemente porque tienen la mirada puesta en el ayer. O tienen la mirada puesta en lo que no tienen.

Caminan por la vida con ojos de «tener o no tener», comparándose con todo lo que ven alrededor.

Y cuando alguien les habla de lo que «tienen o no tienen» siempre están describiendo el pasado.

Te cuentan lo que les pasó, y no lo que les va a pasar.

Tener o no tener habla del hoy y del ayer, nunca habla del futuro.

Pensar en lo que me falta habla del futuro.

Solo los que saben hacia dónde van pueden pensar en lo que les falta para llegar allí.

Un inmigrante feliz construye y diseña el futuro que elige para él y su familia. Con un corazón de colono y con la actitud de entrega y compromisos que necesita para ir por más.

Y así diseña el futuro. En lo personal, en lo laboral, en lo espiritual, en lo familiar. Y luego vuelve al presente y se pregunta qué le está faltando para llegar allí. Qué nuevas cosas debe aprender e incorporar para llegar al lugar al que eligió ir.

Y entonces sí actúa y le agrega perseverancia, determinación y un lenguaje que lo lleve hacia ese futuro poderoso que diseñó. Y si le cuesta llegar, igual es un éxito, porque estará yendo hacia adelante cada día, siendo un inmigrante feliz por el proceso de vivir una vida apasionante y no solo por haber llegado a un resultado.

Cuando tú vienes del futuro y a tu alrededor hablas de quién eliges ser y no solo de quién estás siendo, sucederá que todo te ayudará para que eso ocurra.

Cuando mi lenguaje es lo que no tengo y describo lo que me pasó, lo que no puedo conseguir, y me muestro dubitativo y con incertidumbre con respecto al futuro, eso hace que sea uno más en una multitud de personas que son llevadas por las circunstancias.

Pero que esto no suceda más contigo. Hoy es el primer día del resto de tu vida para poder ir hacia lo que te falta.

Es un buen momento para preguntarte: *¿Qué me falta para ser un inmigrante feliz? ¿Qué áreas de mi vida tengo que trabajar y* *cómo debo comprometerme para ser de influencia en mi casa y en mi comunidad?*

¿Qué más me comprometo a hacer hoy?

Pensar en lo que me falta me llevará a ser un inmigrante feliz en poco tiempo.

El gran problema de muchos es que están más preocupados por lo que no tienen que por lo que les falta.

Y la queja produce desazón y desánimo. Y hace que los brazos se caigan y no deseemos hacer más.

Muchos se quejan de sus trabajos, pero deberían quejarse de su actitud hacia el trabajo.

En vez de llegar con el agradecimiento de tener un espacio para producir lo que les falta, solo lo ven como una limitación para lo que no tienen.

Nosotros determinaremos lo que es ser un nuevo colono y seremos el ejemplo para las generaciones futuras cuando miremos cada día la vida hacia delante, sabiendo hacia dónde vamos.

El tengo o no tengo habla del hoy y del ayer; el me falta habla del mañana.

> **El tengo o no tengo habla del hoy y del ayer; el me falta habla del mañana.**

Cuando visiono la casa prometida, la documentación prometida, la familia prometida, el trabajo prometido, puedo percibir muy rápido qué me falta y por cuáles cosas debo trabajar con esmero.

Y mis conversaciones comienzan a girar alrededor de eso. Y mis acciones se encaminan hacia ese lugar. No me dejo detener fácilmente por contratiempos porque tengo un lugar seguro hacia dónde ir.

Observar la vida desde la visión y tener claridad de lo que me falta me permitirán convertir cada día en un hermoso desafío para ir por más.

Sin embargo, el «tengo o no tengo» daña el diseño del futuro y hace que las personas solo vivan reaccionando al presente, sin planificar, sin elegir hacia dónde ir, sin comprometerse con un futuro brillante.

Y si no sabes hacia dónde ir, nunca podrás llegar allí.

Los visionarios son los que cambian el mundo, no los expertos en diagnóstico.

Hasta la Biblia misma nos menciona este sistema de pensamiento.

En el libro de Filipenses, en el capítulo 4, dice: «Mi Dios, pues, suplirá todo lo que os falta conforme a sus riquezas en gloria en Cristo Jesús».[1]

No dice que suplirá «todo lo que no tengas». Sino lo que «os falte».

Una gran verdad que encontramos en las Escrituras es que Dios no suple a los que no tienen, sino a los que les falta.

Muchos están caídos, tirados y postrados en sus frustraciones porque viven pensando en lo que no tienen.

Sin embargo, cuando tú te pones de pie y como un inmigrante feliz comienzas a diseñar hacia dónde vas; y dejas de pensar como un conquistador y comienzas a pensar como colono, y le entregas tu corazón y tu vida al futuro que te comprometiste a forjar; y cada día declaras con poder: «Yo sé hacia dónde voy», no porque las circunstancias te lleven allí, sino porque tus elecciones y tu visión te llevan hacia ese lugar; y cuando puedes verlo te das cuenta de que te falta mucho, te falta estudio, te falta un trabajo, te falta una familia, te faltan documentos, pero igual vas hacia ese lugar con el poder que vive en ti y con tu deseo cotidiano de trabajar lo que te falta... encontrarás que Dios suplirá todo lo que te falte conforme a sus riquezas en gloria en Cristo Jesús.

¡Cómo no ser un inmigrante feliz cuando tengo un Dios que está dispuesto a suplirme todo lo que me falta!

Pero él me dice que deje de tener «mentalidad de pasado».

Deja de pensar con la mitad de tu ser.

Ven a poseer la tierra, a tomarla completa, con todo tu corazón y no solo con una parte.

Pensemos en lo que nos falta y disfrutemos el proceso de ir por ello.

Entrenémonos para triunfar

1. Toma conciencia de las áreas de tu vida donde estás más preocupado por lo que no tienes que por lo que te falta. Escríbelas para poder verlas y reflexionar sobre eso.

2. Pregúntate y escribe qué te falta para llegar a ser quien elegiste ser. Diseña en un papel las acciones que debes realizar para llegar allí.

3. Escribe en el foro acerca de esta experiencia y comparte con los demás las elecciones para dejar de ser un conquistador y comenzar a ser un colono de una nueva tierra. Solo tienes que ingresar a www.seuninmigrantefeliz.org/foros.

Capítulo 17

SOLUCIÓN 11: MENTE DE TIERRA PROMETIDA

E l problema de miles de inmigrantes es que no cambian para-digmas, no cambian pensamientos, solo cambian de geografía. Pero dejan su corazón, sus pensamientos y sus acciones en el ayer.

Han llegado con mentalidad de desierto.

Batallé duro antes de poder terminar este libro.

Muchos que sabían y vivían la problemática del inmigrante me invitaban a escribir un libro de acciones, a profundizar en el problema, a buscar miles de ejemplos para mostrar.

Yo entiendo que la clave para ser un inmigrante feliz no tiene que ver con las circunstancias y las acciones, sino con la manera de ser y la actitud que el inmigrante alberga en su interior. Y con el prisma con que mira el mundo.

Entiendo que debemos trabajar el *ser* del inmigrante antes que el *hacer*, y que si cada persona que lee este libro se compromete a incorporar las distinciones en su diario vivir, sin importar lo buena o mala de su situación, podría convertirse en un inmigrante feliz y hacer aquello que necesita para lograrlo.

Por eso este capítulo es de suma importancia para el desarrollo futuro de tu vida. Veremos el modelo de algunos que podrían haber llegado mucho antes si hubieran cambiado su mente antes que sus acciones.

Mentalidad de desierto

Salir de la esclavitud de la vida de ayer e ir hacia nuevos horizontes implica pasar por una zona de desierto.

La zona de desierto puede ser un lugar geográfico, puede ser un estado en tu vida, puede ser un momento.

Pero siempre hay un momento de desierto entre la esclavitud, la cautividad y la tierra prometida.

No se llega de un solo paso al éxito desde el fracaso.

Se pasa por una zona de desierto donde hay días que miramos hacia adelante, como hay días que miramos hacia atrás.

> **El problema de miles de inmigrantes es que no cambian paradigmas, no cambian pensamientos, solo cambian de geografía.**

Una zona de incomodidad en donde nos entrenamos y preparamos con el fin de obtener una mejor vida para nosotros y los nuestros.

El desierto siempre es necesario.

Algunos creen que de la nada al todo hay un solo paso, y cuando se dan cuenta de que no están en el «todo» se frustran y quieren volver rápido a la «nada».

El tiempo de desierto debe ser el tiempo de preparación hacia un futuro mejor.

Este libro busca ayudarte a pasar por el desierto y llegar a la tierra prometida.

Pero para eso necesitas también comprender que hay una manera de ser en la esclavitud, una manera de ser en el desierto y una manera de ser en la tierra prometida.

¿Cuál es la diferencia entre una mentalidad de desierto y una mentalidad de tierra prometida?

El caso que relata la Biblia del pueblo de Israel en su travesía por el desierto nos deja muchísimas enseñanzas para ser un inmigrante feliz.

Ellos salieron de una tierra de cautividad, donde no les alcanzaba, donde eran muchos los vejámenes y la necesidad.

Salieron porque hubo una palabra, una promesa de que había un futuro mejor. Y fueron a ese futuro con ánimo de nuevos colonos de una nueva tierra.

No fueron con el ánimo de conquistar la tierra para regresar a Egipto con las ganancias, sino con el deseo de ser parte con ella de un futuro mejor.

Y entre la esclavitud y la tierra prometida se encontraron con el desierto.

Allí siempre tenían a Dios delante en una nube de día y en una columna ardiendo de noche. Y todos los días les enviaba maná del cielo para suplir sus necesidades.

En el desierto Dios les daba comida cada día al pueblo de Israel.

Cada día ellos veían caer del cielo porciones de una masa dulce que los alimentaba.

Todos los días ellos tenían maná del cielo. Nunca les faltaba. Y esto es fabuloso cuando uno vive momentos de desierto.

La gente del desierto está todo el día diciendo: «¿Dios, hoy me darás maná como ayer?».

La mentalidad de desierto es pensar en el hoy, es tener todo cubierto en el día, es mirar hacia arriba para ver cuándo viene comida del cielo.

Pero al ingresar a la tierra prometida las condiciones cambian.

Ya no habría maná del cielo, sino la exhortación para comer del fruto de la tierra. Ya no era solo caminar mirando hacia arriba, sino caminar mirando hacia adelante.

La mentalidad de desierto era dejada atrás por una mentalidad de tierra prometida.

La gente con mentalidad de desierto es «otro-dependiente».

Siempre está a la espera de que otro le resuelva su hambre, le resuelva hacia dónde debe ir, le resuelva los obstáculos, le resuelva el futuro.

La gente con mentalidad de desierto tiene la mente dividida entre la tierra donde nació y la tierra que fue invitado a poseer.

Hay días que caminan pensando en todo lo que dejaron atrás, por más que la realidad sea que dejaron atrás esclavitud, hambre y desidia.

Si tienes mentalidad de desierto sufrirás mucho como inmigrante.

Pero si comienzas a caminar siendo un inmigrante feliz y como un nuevo colono de un nuevo tiempo, podrás ver que todo lo que te falta te será suplido.

Mentalidad de tierra prometida

La mentalidad de tierra prometida es una mentalidad que mira hacia adelante.

Que come del fruto de la tierra porque decidió hacerla producir.

Pertenece a alguien que no es un nómada de paso, sino a quien plantó sus raíces en la nueva tierra y le entrega lo mejor de sí cada día.

La mentalidad de tierra prometida la podemos resumir en un solo relato.

Volvemos al relato en el que Dios se encuentra con Josué luego de la muerte de Moisés.

¿Por qué es tan importante este relato para un inmigrante feliz? Porque era el momento decisivo en que se decidiría si continuarían igual que en los últimos cuarenta años o si elegirían entrar en la tierra prometida con un nuevo modelo de pensamiento.

> Salir de la esclavitud de la vida de ayer e ir hacia nuevos horizontes implica pasar por una zona de desierto.

Recuerda que Dios le habla a Josué y antes de contarle que sería el nuevo líder, que sería quien llevaría al pueblo a la tierra prometida, le dice que Moisés ha muerto.

Josué entraba a una nueva tierra con nuevo liderazgo, con nuevas reglas, con nueva mirada, con una nueva relación.

Einstein decía: «Un nuevo modo de pensar es esencial para la supervivencia de la humanidad y para avanzar hacia niveles más altos».[1]

No se pueden lograr nuevas cosas con viejas formas.

Algunos buscan hoy ser iguales que ayer.

Buscan lograr resultados en la tierra prometida, pero con mentalidad de desierto. O peor aún, con mentalidad de cautividad, de Egipto, del lugar donde sufrieron opresión.

Es mucho lo que puede enseñarles la Biblia a los inmigrantes en cuanto a la manera en que se debe llegar y la manera de desarrollarse en una nueva realidad.

Esto no significaba simplemente la desaparición del líder que había llevado durante cuarenta años al pueblo de Israel de un tiempo de cautividad a los pies de la bendición. Era más que eso.

Dios le decía a Josué que todo lo que él conocía hasta aquí moría.

Que él no podía entrar a la nueva etapa en su vida viviendo del recuerdo de lo que pasó, de lo que dejó o de los milagros de ayer.

Sino que debía asumir el liderazgo, primero de su propia vida, y luego el liderazgo de todo un pueblo que esperaba más de lo que tenía hasta el momento.

«Moisés ha muerto» es una de las frases más poderosas para un inmigrante feliz.

Es como si nos estuviera hablando a millones de nosotros, a las puertas de la nueva tierra, diciéndonos que lo que pasó pasó, pero que seamos de los que pueden decir agradecidos que no olvidaremos a quien nos enseñó o el lugar donde nacimos, o la manera en que fuimos educados.

Que no olvidaremos las banderas que enarbolamos en el ayer, ni los amigos que nos acompañaron en el camino.

Que no olvidaremos quiénes fuimos.

Pero no viviremos de los recuerdos.

Hoy es un nuevo tiempo.

Y hay que entrar a la nueva tierra con calidad de colono.

Con corazón de entrega y con compromiso de vivir el propósito.

¿Podía acaso Josué decirle a Dios que necesitaba ver más, o que necesitaba traer con él los recuerdos de todos los gratos años pasados? Sí. ¿Podía pedirle la posibilidad de volver al desierto cada cinco meses o a Egipto, para mantener vivos los recuerdos del ayer? Sí podía.

Pero Dios era bien claro.

Para vivir la nueva etapa debes dejar la anterior atrás. Muy atrás. Serán nuevas tierras, pero también nuevas reglas.

Serán además un nuevo liderazgo y hasta una nueva relación con Dios.

Él ya no estaría cada día en una nube y cada noche en una columna ardiendo.

Pero estaría de una manera más poderosa que hasta ese momento ellos no habían conocido.

Se necesitaba que Josué pudiera decir en su corazón «Moisés ha muerto, y yo lo creo».

La mentalidad de tierra prometida la vemos en el relato cuando Dios se le acercó a Josué y le dijo que ya no comería más maná del cielo, sino que de ese momento en adelante comería del fruto de la tierra.

¿Sabes qué fue lo que hizo Josué?

Hizo un pacto con Dios, construyó un altar y le agradeció porque ahora tendrían abundancia y comerían del fruto de la tierra.

El modelo de Dios para cada uno de sus hijos no es un modelo de resultados solamente, o solo de lealtad y obediencia.

El modelo que Dios le planteó a Josué para la tierra prometida es un modelo de producción.

Un modelo de producción

Cuando sales de la tierra de desierto y llegas a la tierra prometida, el mandato de Dios es que de ahora en adelante comerás del fruto de la tierra, comerás de lo que produces.

Un inmigrante feliz es aquel que mira hacia adelante, con mentalidad de tierra prometida y no solo poniendo su mira en el trabajo, sino en constituir un ser productivo para la nación que le cobija.

Hemos escuchado a muchos inmigrantes describir cuando llegaron a una nueva tierra y se encontraron con grandes limitaciones, porque no podían trabajar, no sabían qué hacer, no conseguían empleo o lo que hacían en su tierra de origen no se reconocía en la nueva tierra.

Una mentalidad de tierra prometida es una mentalidad de producción. No solo de una forma de trabajar, o de una manera de hacer las cosas, sino de producción, de estar dispuesto y comprometido para que la tierra que sea puesta en tus manos produzca, sea cual sea esa tierra o ese espacio y contexto de trabajo.

Durante siglos las condiciones y las formas de trabajo han cambiado.

> «Un nuevo modo de pensar es esencial para la supervivencia de la humanidad y para avanzar hacia niveles más altos».

En 1899 hubo una gran manifestación en Estados Unidos de personas que creían que venía el fin del mundo y el fin del trabajo. Y estaban en lo cierto. Era el fin de *su* mundo y el fin de *su* trabajo.

Eran carboneros.

Hombres que vendían y entregaban carbón en las casas, que era la manera que existía en la época de dar calefacción.

Muy pronto la sociedad comenzó a adoptar otras formas de combustión para vehículos y maquinarias y también para calentar los hogares. Nació rápidamente la industria del petróleo y en pocos años se cambiaron las aplicaciones donde se usaba carbón por nuevas que comenzaron a usar petróleo.

Y ellos poco a poco se quedaron sin trabajo.

Pero aquellos que tenían conciencia del modelo de producción se reinventaron y encontraron nuevas formas para comer del fruto de la tierra.

Hay muchas personas viviendo de la caridad o quejándose de que el gobierno o el modelo deberían darles opciones de trabajo para ellos poder laborar.

Así como hay cada vez más y más ofertas para aquellos que deciden convertirse en productores hábiles de nuevos proyectos.

Estando hace poco en una gran librería encontré una revista que hablaba sobre los quinientos nuevos negocios que había disponibles para emprendedores.

Al leer sus páginas vi que muchos de ellos eran muy atrayentes y que generaban una gran cantidad de recursos.

Pero sus nombres o desarrollos no están en el lenguaje de la gente común.

Entonces uno piensa que solo en la construcción, o en un restaurante, o cuidando niños hay posibilidades para un inmigrante cuando en realidad hay muchas y miles más.

No digo que estas no sean buenas opciones. Lo que digo es que hay muchos negocios afuera esperando a quienes tienen mentalidad de producción y no mentalidad de desierto.

Hay mucho por hacer en este futuro maravilloso que estás construyendo como un inmigrante feliz.

Sin embargo, los que tienen mentalidad de desierto, los «otro-dependientes» creen que casi no hay trabajo.

> **Hay muchos negocios afuera esperando a quienes tienen mentalidad de producción y no mentalidad de desierto.**

Hacia la tierra prometida

Dios te está llamando a que pases a la tierra prometida.

A que comas de lo que produces.

A que puedas creer que se puede.

A que dejes de tener una mentalidad de desierto.

Él te seguirá supliendo en el desierto...

Si te quedaras allí un poco más, no te preocupes. Él te cuidará.

Pero te quiere en la tierra que fluye leche y miel.

Te quiere en la tierra prometida, te quiere en tierra de bendición.

Este es un tiempo especial para inmigrantes felices, nuevos colonos de un nuevo tiempo que eligen vivir en la entrega y en el compromiso de construir un mundo diferente, no porque las circunstancias ayuden, sino porque tienen mentalidad de tierra prometida y hacia ella van, con poder, con influencia, con corazón.

Preguntándose qué les falta para llegar pertrechados, totalmente equipados para la nueva obra a la que fueron llamados.

> **Todavía hay personas en este mundo que sonríen cuando el final fue bueno, y no que sonríen para hacer el comienzo poderoso.**

Salgamos del desierto y vayamos hacia una nueva tierra en nuestras mentes y elecciones.

Seamos productores y no solo trabajadores.

Y aprendamos de Josué.

Que cuando se le dijo: «Moisés ha muerto», no se quedó mirando hacia atrás ni llorando el pasado.

Que no dudó en cruzar el Jordán con el pueblo que se le había encargado, sin recordar que hacía cuarenta años estuvo en un lugar similar y no pudo.

Que no se quedó quejándose con Dios porque no le había dejado el maná del cielo por un par de años más hasta que pudieran establecerse, sino que muy por el contrario, aceptó el desafío de ir nuevamente por su futuro.

Que antes de comenzar su nuevo tiempo y sabiendo que no tendría maná del cielo hizo un altar de agradecimiento.

Eligió agradecerle a Dios todo lo que él les estaba ofreciendo.

Corazones agradecidos crean nuevas realidades, y no nuevas realidades crean corazones agradecidos.

Todavía hay personas en este mundo que sonríen cuando el final fue bueno, y no que sonríen para hacer el comienzo poderoso.

Y no estoy diciendo que uses ciertas técnicas como medios para lograr buenos fines, sino que sean tus principios. ¡Que sea el agradecimiento al comienzo de algo, el corazón del inmigrante feliz, con mentalidad de tierra prometida, con actitud de producción, con deseos de hacer de este tiempo un tiempo único y de esta porción geográfica donde habitas un lugar para dar y producir fruto!

Entrenémonos para triunfar

1. ¿Encuentras que tienes características de la mentalidad de desierto? Escríbelas y determina hoy salir de ellas.
2. ¿Cuáles son las características de la mentalidad de tierra prometida que te están faltando? ¿Cuáles eliges traer a tu vida y te comprometes hoy mismo a que sucedan?
3. Escribe en el foro acerca de esta experiencia y comparte con los demás las elecciones para dejar de ser un conquistador y comenzar a ser un colono de una nueva tierra. Solo tienes que ingresar a www.seuninmigrantefeliz.org/foros.

ALEJANDRO MAYORKAS. «DISTINCIÓN: SERVICIO»

Nació en Cuba y cuando tenía un año de edad su familia huyó a Estados Unidos. Ingresaron como refugiados y comenzaron su vida en California. En su testimonio ante el Comité Judicial dijo: «Mi padre perdió todo en su país de nacimiento y mi madre, por segunda vez en su corta vida, se vio obligada a huir de un país que considera su casa. Sin embargo, nuestro vuelo a la seguridad nos dio el don de esta patria nueva y maravillosa. Sé lo muy afortunado que soy».[2]

Hizo una brillante carrera en el poder judicial hasta que tuvo la gran oportunidad de comenzar a servir en el U.S. Citizenship and Immigration Services (USCIS), el departamento de migración de Estados Unidos. Se le escucha decir: «La misión del USCIS tiene sus raíces en la visión de nuestros padres fundadores. Mi familia, como millones de otros, llegó a este país para perseguir nuestros sueños en una tierra de libertad y oportunidad. Estoy comprometido con la administración de la inmigración de nuestro país y las leyes de naturalización de manera eficiente y con justicia».[3]

Es un nuevo colono para una nueva tierra.

Capítulo 18

SOLUCIÓN 12:
¡FUERA EL TEMOR!

C reemos que el camino hacia nuevos tiempos viene despojado de todo temor.

Y esto también forma parte de los relatos que encontramos en la Palabra de Dios.

A todo hombre y mujer que fueron por algo diferente Dios les manifiesta con total seguridad: «No tengas temor».

Eso fue lo que le dijo a Josué.

Fue lo que le dijo a Abraham, ¡el prototipo del inmigrante feliz!

«Ve a la tierra que te mostraré», le dijo Dios.

No encontramos ningún relato que mencione que les mostraría el futuro, que coordinarían paso a paso lo que sucedería.

Nada de eso se encuentra en los manuscritos.

Solo la declaración poderosa que Abraham creyó: «Ve a la tierra que te mostraré».

Y él fue.

Pero hubo momentos en los cuales claudicó. Y en el medio de su angustia Dios le dijo: «No temas».

«No temas» es el lema de los emprendedores. De los que pueden ir más allá de sus miedos. De quienes saben que tienen que cruzar valles de incertidumbre, y eligen hacerlo, a pesar de sus temores.

Cuando los discípulos estaban en la tempestad, lo primero que escucharon de Jesús fue: «No teman».

Todas las promesas de Dios le dicen al que quiere ir hacia delante: «No temas».

El temor ha paralizado la vida de miles de personas. Es arena en la maquinaria de la vida.

> **Todas las promesas de Dios le dicen al que quiere ir hacia delante: «No temas».**

Si te fue mal en la última semana, es un buen momento para comprometerte a ser un inmigrante feliz y escuchar esa voz suave en tu hombro diciéndote: «¡No temas!».

Si te fue mal en los últimos años, la gran oportunidad es aceptar los miedos y saber que hay una voz que te dice: «¡No temas!». Camina confiado hacia el futuro. Sé un inmigrante feliz.

Ir hacia el resultado extraordinario requiere un cambio de manera de ser. No solo cambiar acciones, sino cambiar tu ser interior. Probablemente tengas que afeitar tu barba. O tengas que estudiar más. O tengas que hacer diferentes sacrificios y esfuerzos impensados.

Pero hazlo con el corazón de un colono, de un inmigrante feliz, de aquel que está mirando el futuro hacia el que se dirige él y toda su familia.

Probablemente tengas que dormir menos. Probablemente tengas que cambiar tu comida y tu lenguaje. Pero cuando salgas de la tierra de desierto y llegues a la tierra de plenitud encontrarás reposo.

Un inmigrante feliz destierra el miedo de su vida

Algunos de nuestros líderes y de nosotros mismos vivimos en medio del temor. El tipo de inmigrante feliz que deseamos ser comprende que el temor ata. Que el temor limita. La Biblia cuenta el relato de Job, quien en medio de sus problemas declaraba que el temor que le espantaba le había venido y que le había acontecido lo que temía.

Y sabemos lo que le pasó a Job.

Hay personas que viven todo el tiempo cautivas del paradigma: «Tengo miedo por esto, tengo miedo por aquello...». «Cuidémonos de aquí, cuidémonos de allá».

Hay algunas circunstancias que pueden llevarte a ser un generador de miedo. No estar cubierto legalmente, o en tu salud, o no tener un trabajo seguro. Todos amplios generadores de miedo en una sociedad que se devora a los que no cuentan con estas cosas y que castiga a los que fracasan.

No vivimos en medio de una generación fácil. Pero la receta no es esperar que la oscuridad sea menos oscura, sino prender la luz. Convertirse en luminares en medio de un mundo perdido. Y para eso debemos trabajar nuestros miedos. Hablarles y contarles que iremos hacia el futuro a pesar de ellos.

La primera batalla que ganaron los grandes líderes de todos los tiempos y aquellos que hicieron que las cosas pasaran, fue contra el miedo.

El miedo puede destrozarte por dentro si lo dejas.

Toca tus emociones, toca tus pensamientos, paraliza tu cuerpo. Te hace hacer y decir cosas que están más relacionadas con salir que con ser.

El miedo ha derrotado la vida de muchos y ha hecho que pueblos enteros perdieran la bendición y la prosperidad que les estaba preparada.

Lo primero que debemos hacer es sacar el miedo de nuestras vidas. Hacernos fuertes en lo que respecta al propósito, el lugar hacia donde vamos, el legado que pensamos dejar, los espacios que pretendemos influir.

Salir del miedo, volar por encima de las circunstancias y elegir cumplir tu llamado.

Todo gran éxito vino con personas que fueron más allá de sus circunstancias y más allá de sus miedos.

Hoy es un buen día para hablarles a tus miedos. Decirles que hasta aquí caminarán juntos. Que por más que tengan gran cantidad de justificaciones para acompañarte, tú has elegido seguir el resto del camino sin ellos.

> **La receta no es esperar que la oscuridad sea menos oscura, sino prender la luz.**

Que has elegido tener un nuevo amigo. Cuéntales a tus miedos que has elegido confiar. Que esta mirada te permite ver lo que el miedo no te permitía. Que puedes construir nuevas opciones y que has visto que la confianza produce nuevas fuerzas en ti y en tu familia. Y algo más... Diles que quieres vivir una mejor vida. No porque vas a correr cada día en busca de pagar las cuentas o de conseguir lo que no tienes, sino porque vas hacia un futuro grande confiado en construir lo que te falta.

Y que hoy es el día que les dices que ser un inmigrante feliz no es solo venir a una nueva tierra buscando dejar algo atrás por las dudas, por los miedos, o por si acaso, sino que como inmigrante feliz y nuevo colono eliges confiar, quemar las naves que te trajeron hasta la nueva tierra y caminar con nuevos modelos. Cada día de un hombre miedoso es un día de angustia y rigidez en las relaciones familiares. Cada día de un hombre confiado es un día de bendición en medio de su comunidad.

Se sale del temor perseverando, diseñando futuro, mirando hacia aquel que fuimos llamados a ser.

Un inmigrante feliz no solo reconoce sino también honra

¿Sabes por qué hay muchos inmigrantes que viven todo el día sufriendo?

Familias enteras que ni siquiera se ven. Algunos que viven presos del temor. Otros que se han dejado llevar por la adversidad y ni siquiera disfrutan del amor en medio de sus seres queridos.

Porque el único modelo que han conocido es el modelo del reconocimiento.

Cuando algo sucede que está bien, tú reconoces al otro y le das las gracias.

Trabajas una cantidad de horas en un lugar y recibes tu paga en reconocimiento por tu trabajo.

Te esfuerzas en tu universidad y buscas dar lo mejor y en reconocimiento te dan un título.

Así funciona el modelo de reconocimiento. Un modelo que ya no alcanza si tú quieres ser un inmigrante feliz.

El inmigrante feliz tiene que elevarse a un modelo superior al modelo de reconocimiento. A un modelo de honra.

El modelo de reconocimiento es un modelo de intercambio.

Te doy y me das.

El modelo de honra es un modelo de entrega. Te doy. Te honro. Te vengo a entregar lo mejor que tengo.

El modelo de reconocimiento es un modelo de mano cerrada y puño apretado. Busca sostener y mantener lo que con tanto esfuerzo se ha ganado.

El modelo de honra es un modelo de mano abierta. De entrega. Porque sabe en lo profundo que la mano abierta es la primera que se llena.

Seguimos teniendo inmigrantes con la mano cerrada. Entienden las relaciones desde el intercambio.

¡Entienden el amor desde el intercambio!

Me tratas bien, te amo; me tras mal, ya no te amo.

Y ese modelo en un mundo sin futuro, que reacciona ante el presente y que solo busca cambiar las circunstancias del momento, es el que hace que muchos inmigrantes vivan con la mirada perdida, sin relaciones poderosas y buscando en el ayer los logros que no tienen hoy.

Se puede ser un inmigrante feliz cuando uno vive más allá del intercambio y el reconocimiento, y pasa a un modelo de entrega y honra.

Un inmigrante feliz que va a cambiar la nación, que logrará grandes cosas empezando por su familia, es aquel que está dispuesto a la honra. No solo al reconocimiento. Sino a honrar a Dios, honrar a su esposa, honrar a su familia, honrar su trabajo, honrar a sus jefes, honrar sus acciones.

El principio de la honra es lo que determina la apertura o el cierre de puertas para tu vida.

El profeta Daniel fue instigado a honrar a otro dios. Si no lo hacía, la pena de muerte estaría sobre su cabeza.

Sin embargo, él sabía que su Dios lo sacaría del foso de los leones, pero aunque no lo hiciera, igual Daniel no adoraría a otro dios.

Era una manera clara de conservar su vida.

Hay algunos inmigrantes que no tienen conciencia del concepto honra.

Y se pasan la vida honrando aquello que solo trae desgracia sobre sus vidas. Intercambian con la gente y honran modelos que los desgastan o pervierten.

La honra correcta y vivir en la entrega te hará un inmigrante feliz que la comunidad reconocerá como tal, y podrás ser de utilidad en tu ciudad.

Algunos se preguntan por qué no lograron la beca en la universidad. O por qué no le dieron el trabajo y se lo dieron a otro.

Son muy buenas preguntas, pero deberías preguntarte antes de eso a quién o a qué estás honrando.

Hay algunos que tienen la bendición en sus vidas y no la pueden ver derramada sobre ellos porque viven en modelos de miedo o intercambio.

Como ese hombre que logró la ciudadanía americana a los veinte años.

Hasta aquí no parece algo muy importante o que se deba tener en cuenta. ¡Lo ilógico es que él había nacido en Estados Unidos!

Sus padres lo tuvieron escondido por temor dentro de la casa. Sin documentos, sin posibilidades de ejercer sus derechos. Por miedo.

Modelos de temor, de intercambio, de vivir en base a circunstancias, de estar mirando el pasado, de solo decidir y no elegir, de tener el corazón de un conquistador y no de un colono, ¡de no ser un inmigrante feliz!

Algunos viven intercambiando con Dios, con sus familias, con su futuro. Si me das esto, yo hago esto otro. Si me ayudas con esta situación, yo haré tal o cual cosa.

Modelos de intercambio que no alcanzan para ser inmigrantes felices.

Sin temor abro los ojos

Es tiempo de ver más.

No solo de hacer más, sino de poder ver más.

El problema de estos tiempos no surge por acumular conocimientos o buscar técnicas especiales para que las cosas sucedan, sino por comenzar a darnos cuenta de que «vemos la vida como somos».

Si pudiéramos trabajar en lo que somos, seguramente comenzarán a ocurrir nuevas cosas a nuestro alrededor.

Abre tus ojos porque se espera de ti que puedas marcar una diferencia. Estas aquí con un propósito. Fuiste hecho único y especial y deseamos que puedas ver más.

Es el tiempo de profundizar en la diferencia entre «saber» más y «ver» más. Entre «conocer» y «distinguir».

Mucho del éxito que buscas está ubicado a tu alrededor. Solo necesitas nuevos ojos para verlo.

Y de eso se trata este libro. No queremos invitarte a surcar nuevos mares, sino a mirar con nuevos ojos el mar que estás recorriendo.

Y que puedas reconocer las cosas buenas y maravillosas que tiene la vida a tu alrededor.

Ya vimos los diferentes pasos que nos llevan a ser un inmigrante feliz.

Uno de los graves problemas que vivimos en este tiempo es que no tenemos conciencia del mañana.

¿Qué significa empezar a mirar hacia el futuro?

Millones de personas en el mundo de hoy solo viven el día a día.

Simplemente están más paradas en el presente que en el mañana.

Las generaciones protagonistas de estos tiempos creen que al estar tan difícil la vida cotidiana, planear un mañana es ilógico.

> **Las generaciones protagonistas de estos tiempos creen que al estar tan difícil la vida cotidiana, planear un mañana es ilógico.**

Te dicen: «Solo vive el hoy». «Solo vive el momento». «Que nada más te importe».

Para ser un inmigrante feliz no puedes simplemente luchar cada día. Fuimos llamados a mucho más que eso.

Sé un inmigrante feliz no es un mensaje humorístico.

Nos encanta el humor y creemos que sin él no podríamos vivir. Pero este libro no trata de humor, sino de felicidad. De elecciones.

De comprender que la vida empieza en nosotros y hacia dónde elegimos ir. Que podemos estar en este lugar con la cabeza en otro, el corazón en otro, y los ojos cegados ante todo lo maravilloso que podemos hacer.

Sé un inmigrante feliz es un mensaje de poder, de cambio de cultura, de diseño del futuro. Es lo que nuestro pueblo necesita. Vivimos en medio de la cultura de la depresión.

Como si la satisfacción de tener fuera todo lo que cubriría nuestro ser. Y solo es un engaño momentáneo que siempre te pedirá más.

La manera de salir de allí para inmigrantes y no inmigrantes es diseñar el futuro juntos, caminar hacia adelante comprometidos con lo que nos falta. Buscando ser una posibilidad y protagonistas de un nuevo tiempo.

En vez de eso vemos al inmigrante tan deprimido como el resto. Y nos dejamos caer y somos llevados por las circunstancias del presente.

Mucho de lo que no ha sucedido es porque no lo vemos. Fuimos creados con ciento ochenta grados de visión y ciento ochenta grados de ceguera. No lo vemos todo.

El éxito de un inmigrante feliz está en poder conocer su espacio de ceguera y trabajar con él para ver más.

Los primeros colonos que habitaron América le llamaron al lugar que los recibía «Nueva Inglaterra». Un nuevo sitio. Una nueva casa para sus hijos. Un nuevo futuro para vivir en libertad sus ideales y valores.

Mientras que otros inmigrantes del siglo pasado le llamaron al lugar donde viven «Pequeña Habana». Esto significa: «Quiero vivir aquí mi allá. Y quiero traer un pedazo de mi pasado a mi presente y ser eso».

> *Sé un inmigrante feliz* **es un mensaje de poder, de cambio de cultura, de diseño del futuro. Es lo que nuestro pueblo necesita.**

¡Estás parado en tu nueva casa, no en tu pequeño pasado!

Este es nuestro nuevo lugar. Y será precioso y maravilloso como nunca nadie imaginó.

Hemos visto a muchos llegar y a muchos irse, y en gran parte esto sucede porque tenemos la mitad de nosotros aquí y la otra mitad en la tierra donde nacimos.

Necesitamos un cambio de mirada para convertirnos en inmigrantes felices. Para darnos cuenta de que podemos hacer cosas extraordinarias y que todo a nuestro alrededor cambie.

Ver más es salir de la mentalidad de conquistador y comenzar a tener una mentalidad de colono

Cada acto de nuestras vidas viene de un pensamiento en nuestro interior.

Y cada pensamiento es de aquello que vivimos, aquello que hablamos, aquello que creemos.

Es imposible vivir la vida como un inmigrante feliz cuando todos mis pensamientos son de conquista, de llevarme todo, de volver y no de ir, de sentirme extranjero y no parte de la nueva tierra.

Tener mentalidad de nuevo colono te ayudará a ver lo que hasta ahora no habías visto. Y te permitirá vivir en la entrega en la nueva tierra que te cobija y no solo en el intercambio.

Vivir en la entrega significa poder sembrar el futuro hoy. Es poder salir cada mañana con las manos abiertas para dar, y no con las manos cerradas para no perder lo que tengo.

Es salir a ser una posibilidad en el acuerdo y no en la disputa, es generar contextos de bendición y no solo espacios de defensa de posiciones.

Por más injusticias que hayas experimentado en tu historia o espacios donde te sentiste un ciudadano de segunda, no permitas que esto sea lo que produzca tus acciones.

Sal de la conquista y conviértete en un sembrador de nuevas posibilidades.

Mucho de lo que no pasa con los inmigrantes es producto de disensiones, de estar encerrados buscando reclamar derechos, de pasarse la vida sin mirar el bien y describiendo el mal.

Pero hoy podemos hacer de este día y este tiempo un momento histórico.

No importa si estás en tu nueva tierra hace treinta años o hace treinta días.

Hoy puede ser un día para abrir los ojos. Un día en el que miremos con nuevos paradigmas.

Que el diseño del futuro y las elecciones nos lleven a amar cada rincón de este lugar que nos cobija, y que podamos ser una oportunidad para otros que viven con la mirada en el ayer.

Ver más es una elección que nace de los compromisos, no de las circunstancias.

Vivir cegado por una historia adversa es algo que hoy podemos cambiar.

¿Qué pasaría si en este momento tomaras la decisión de declararte ciudadano de esta tierra que te recibió?

¿Qué tal si hoy le contaras a tu familia que has elegido convertirte en un miembro respetable de esta comunidad y aprender sus leyes, mirar desde sus ojos y caminar al lado de quienes estaban antes que tú en este lugar maravilloso?

Eso abrirá aun más tus ojos. Te permitirá comenzar a ver lo que te falta y no lo que no tienes, y te llevará a replantearte tus compromisos, tu lenguaje, tus relaciones y donde estás sembrando tu vida. Hoy es un buen momento para hacerlo y poder empezar a ver con nuevos ojos todo a tu alrededor.

Viviendo con la mano extendida

Recuerdo el caso de un líder de una incipiente iglesia donde tuve la oportunidad de servir como coach.

Él había llegado de un país de Sudamérica.

Con gran esfuerzo y dedicación, junto con su esposa y sus dos hijos, se afincó en Nueva Jersey.

Trabajaba de día manejando el bus de una escuela y por las noches pastoreaba una iglesia de hispanos.

Esta iglesia no tenía edificio, y en total no eran más de cien personas.

Rentaban el patio de la misma escuela donde él trabajaba para hacer sus servicios los fines de semana y algunas aulas los días de semana por la noche.

Con mucho esfuerzo y luego de varios años esa congregación logró juntar unos doscientos cincuenta mil dólares para tener el dinero de inicio y poder comprar un local o un lugar que les permitiera hacer crecer su iglesia.

Estaban deseosos de tener su propio edificio y seguir creciendo en medio de la comunidad donde estaban. Querían ver sus sueños hechos realidad y avanzaron por ello.

> ¿Qué tal si hoy le contaras a tu familia que has elegido convertirte en un miembro respetable de esta comunidad y aprender sus leyes, mirar desde sus ojos y caminar al lado de quienes estaban antes que tú en este lugar maravilloso?

El pastor y sus líderes preguntaron en la escuela donde él trabajaba y donde tenían la iglesia rentada si deseaban venderla y si así fuera en cuánto.

La respuesta del administrador fue que por el momento no vendían la escuela, y que su valor era de dos millones de dólares.

Grande fue la desazón. Mucho les hubiera gustado seguir creciendo allí.

Pero aunque les hubieran dicho que sí la vendían, era humanamente imposible para ellos pagar esa cifra.

Una vez más, todas las circunstancias les eran adversas, pero él era un inmigrante feliz.

Había decidido entregarle lo mejor de él a esa tierra, y eso le manifestaba a su gente cada día de su vida.

Una mañana fue a una reunión de pastores de la comunidad.

No era una reunión de hispanos, sino de toda la comunidad.

Él siempre les decía a los miembros de su congregación que había que invertir tiempo en estar con todos aquellos que habitaban igual que ellos la comunidad que amaban.

Y así él lo hacía. Enseñaba con el ejemplo. Miraba desde su visión y hablaba desde sus compromisos. Así también llegó a esa reunión aquella mañana.

Cuando entró vio una gran cantidad de personas. No era la reunión de pastores hispanos donde un puñado se juntaba, sino una gran multitud.

Sintió que estaba en el corazón de la ciudad.

Y así era. Allí se juntaban todos los líderes que atendían los asuntos espirituales de la comunidad.

La gran mayoría eran americanos y la problemática que se hablaba era sobre sus propias iglesias.

Se sentaron y luego de orar se dispusieron a tratar los temas del día.

La reunión comenzó con uno de los pastores poniéndose de pie y hablándole a toda la audiencia sobre la importancia de abrir dos nuevas iglesias en la zona.

Plantadores de sueños. Personas que habían estudiado los diferentes sectores de la comunidad y que con certeza sabían de la necesidad de cubrir espiritualmente aquellas zonas.

Manifestaban que tenían todo lo que necesitaban menos el dinero. Y cada una de ellas tenía un costo de ciento veinte mil dólares.

Hubo un silencio en la sala. Todos sabían de la importancia de plantar esas nuevas iglesias, pero no se escuchaba a nadie que hiciera suyo el compromiso de invertir en esa gran posibilidad.

El pastor latino escuchó esta conversación y vio que nadie tomaba la iniciativa.

Desde el comienzo pensó que era un tema que no le incumbía, pero su corazón de entrega y su compromiso de nuevo colono para una nueva tierra lo ponían inquieto. Todo lo que sucedía en la comunidad era de su incumbencia. No solo una parte.

Algo en su interior le decía que él debía sembrar esas dos iglesias, aunque también tenía una conversación interna que le decía que era una locura, que él no era americano, que ese era todo el dinero que ellos tenían, que su congregación lo echaría si hacía algo así.

Mientras estas ideas pasaban por su cabeza, el silencio seguía siendo el protagonista de la reunión, sumado a cabezas bajas esperando que se pasara al siguiente punto del temario.

Y en medio de toda esa situación él levantó la mano y preparó un cheque por doscientos cuarenta mil dólares.

Y pagó las dos iglesias.

Todos los que estaban allí se quedaron atónitos ante lo que veían.

¡Aquel inmigrante trabajador, esforzado pastor de una pequeña iglesia naciente, estaba dando el dinero para la construcción de dos iglesias americanas de habla inglesa en su comunidad!

Él salió de allí con una mezcla de locura y angustia.

¡Había entregado todo el dinero que su iglesia tenía! ¿Cómo se lo diría ahora a su gente?

Sabía que había hecho lo correcto, pero tenía internamente sentimientos encontrados.

Las horas y horas manejando un bus en busca de un futuro mejor.

Los momentos en que los demás le decían que estaban allí solo de paso y que no debían ocuparse de la comunidad, sino solo de ellos.

Un corazón y un propósito para cambiar su ciudad. Para ser una posibilidad. Para generar nuevos espacios de bendición, de entrega.

Todo junto en su estómago y en su mente se revolvía con una mezcla de emociones.

Debía ahora contarle a su gente...

Los reunió esa noche y les habló en detalle sobre lo que había pasado. Y que él pensaba que no había iglesias anglo o hispanas, que la necesidad era una.

Su gente, conociendo su corazón, lo acompañó, le dijo que volverían a juntar el dinero, que no se preocupara.

A la semana lo llamó el administrador de la escuela.

Al entrar en su oficina le preguntó para qué lo llamaba y él le dijo: «¿Todavía desean comprar la escuela?».

Él sintió que el frío le corría por la espalda. *Ahora me va a vender la escuela cuando no tenemos el dinero*, pensó.

«Sí», solo atinó a decir.

«Pero...», trató de continuar la conversación cuando el administrador lo interrumpió.

«Muy bien, se la vendemos a usted hoy mismo».

Él no estaba muy seguro de qué decir... pero mientras pensaba, el administrador siguió hablando.

«Le venderemos el edificio, la escuela, el negocio y todo lo que representa por la suma de un dólar».

«No entiendo», expresó el pastor atónito ante lo que escuchaba.

El admnistrador le explicó: «El dueño de este edificio fue el domingo a su iglesia. Cuando llegó, todo el mundo estaba triste y acongojado escuchando al pastor hablar. El pastor del lugar estaba relatando un hecho especial:

»"Hace unos días fui a una reunión de pastores anglos de nuestra comunidad. Antes de comenzar la reunión uno de los pastores nos contó la gran necesidad que hay en ciertas zonas de nuestra ciudad de abrir nuevas iglesias. Y que ellos habían trabajado en el desarrollo de plantar dos nuevas iglesias en lugares de necesidad de la ciudad. Que cada una tenía un costo de ciento veinte mil dólares. ¿Quién deseaba sembrar esa iglesia? Y nadie levantó la mano. Del fondo apareció un joven pastor hispano, que hace muy poco comenzó una obra en una escuela de nuestra ciudad. Y él levantó la mano y ofrendó para las dos iglesias.

»"Nosotros que somos miles y que tenemos presupuesto no levantamos la mano. Este joven pastor nos enseñó mucho sobre cómo debemos relacionarnos con la ciudad".

»El dueño del edificio supo rápidamente que el pastor que había hecho esto era usted, y decidió en su corazón venderle el edificio por un dólar».

Historias como estas están llenando Estados Unidos.

Hombres y mujeres con el corazón de colonos en sus diferentes profesiones dando lo mejor de sí para que la comunidad crezca, para ver a sus vecinos mejor y para poder llegar a ser entrega en cada área de sus vidas.

¡Sé un inmigrante feliz y cambia tu mirada! ¡Piensa en grande y verás grandes cosas pasar a tu alrededor!

Entrenémonos para triunfar

1. Conforme a tu visión de futuro, ¿qué más necesitas que suceda?

2. ¿Qué estás dispuesto a hacer por tu comunidad sin importar raza, color o estrato social?

3. Escribe en el foro acerca de esta experiencia y comparte con los demás las elecciones para dejar de ser un conquistador y comenzar a ser un colono de una nueva tierra. Solo tienes que ingresar a www.seuninmigrantefeliz.org/foros.

LUIS DUARTE. «DISTINCIÓN: EXCELENCIA»

Aquel era un joven que llegó de El Salvador cuando tenía siete años. Sus primeros años sin saber hablar inglés fueron difíciles, pero su empuje y determinación desde pequeño marcaban la diferencia. Se graduó de la preparatoria y, sobrepasando toda exigencia, logró obtener un diploma de preparación preuniversitaria.

Todo esto le abrió las puertas a una beca completa en una de las universidades más prestigiosas de Estados Unidos. Pero había que elegir. Él formaba parte del sostén familiar y cada día se esmeraba en cortar grama junto a su padre. Si se iba, las finanzas de su casa se desmoronarían.

Podía elegir ir a una universidad cercana y seguir con su padre o ir a la más prestigiosa y marcar una diferencia.

Su padre, un hombre de pocas palabras, un día le dijo: «Hijo, si quieres trabajar duro y ganar poco toda tu vida, quédate. Si quieres ser nuestro orgullo, ve. Nosotros nos arreglaremos».[1]

Ese mismo día tomó la decisión de ir a Harvard.

Esta es la historia de un salvadoreño que logró estudiar en una de las universidades más prestigiosas del mundo con una beca completa. ¡Ser un inmigrante feliz se puede!

Capítulo 19

SOLUCIÓN 13: EL AYER ES MI ESPACIO DE APRENDIZAJE

S er un inmigrante feliz no es olvidar de dónde uno viene. O dejar de comer lo que comes, o de hablar como hablas.

Está bien que se te note y que también lo compartas con las generaciones que vienen.

Pero lo que decimos es que ser un inmigrante feliz es poder ser más que eso. Es poder aprender de lo que traes y verterlo en la nueva tierra que te abre sus brazos para cobijarte.

Es preguntarte dónde tienes puesto tu corazón. Es preguntarte dónde tienes puesta tu mirada.

Para que nuestro impacto sea poderoso debemos poner nuestra mirada en el futuro y no en el pasado. Algunos tienen todavía puesta la mirada en el ayer. Y se quejan porque no tienen los resultados que desean.

Llegó el momento de cambiar.

A algunos les cuesta el cambio.

Tienen tan enquistado el sufrimiento del inmigrante, la limitación del inmigrante, que leen cada párrafo de este libro con deseos de que suceda, pero no con la fe de que puede suceder.

Esa diferencia está en tu corazón, no en el mío. Yo creo poderosamente lo que te estoy diciendo. Estoy convencido de que cambiaremos la nación que habitamos, de que la haremos el lugar más maravilloso del mundo.

Debemos mostrar que vivimos con principios y valores, y que podemos ser inmigrantes felices que cambien una generación.

Hablábamos de la importancia de dejar de remar.

> **Tienen tan enquistado el sufrimiento del inmigrante, la limitación del inmigrante, que leen cada párrafo de este libro con deseos de que suceda, pero no con la fe de que puede suceder.**

El nuevo tiempo es más un tiempo de surf que de bote. Un tiempo de tabla que de remo.

Ser flexibles, mirar hacia adelante, ir por la mejor ola, buscar el *point*, pararse de una vez...

Cambiar el deporte del remo por el deporte del surf.

Y generar el espacio que hasta ahora no generamos. Ser más flexibles, mirar erguidos hacia adelante.

¿Qué tal si esta semana asumimos el compromiso de ir por la ola más grande?

Algunos solo tienen mentalidad de bote. Cada día viendo que no se les hunda. Sacando agua, esforzándose para remar más fuerte.

En ciertos niveles de éxito ya no se habla con la boca, se habla con la transpiración, y con el modelo de liderazgo y de sistema de pensamiento que elegiste.

Es importante lo que tus ojos manifiesten. La gente creerá lo que vea a través de tus ojos. Y se necesita que te animes a ser un inmigrante feliz, a pensar diferente, a vivir con los brazos abiertos, a ser un colono de un nuevo tiempo, ¡a subirte a la tabla e ir por la ola más grande!

No es simplemente esforzarte más... es cambiar tu actitud mental. Cambiar la manera en que piensas.

Cambiar el modelo con el que te has relacionado con el mundo exterior hasta ahora.

Con esta nueva manera de ser decido aprender de mi pasado, de lo que hago, de lo que me pasa, y verterlo en el nuevo tiempo y nuevo paradigma.

La actitud aprendiente es fundamental para todo el trayecto que me queda por recorrer, aunque diariamente me encontraré con los enemigos del aprendizaje para que yo no me transforme y no sea un inmigrante feliz.

El principio de la sabiduría tiene que ver con a-prender

Déjame contarte una historia que nos ayudará a comprender mejor cuál debe ser la actitud aprendiente de un inmigrante feliz.

Un hombre había estado muchos años de su vida en un monasterio en el Tibet, a pesar de eso, creía que todavía no había alcanzado la sabiduría.

Así que se acercó a su maestro (quien sí pensaba que este discípulo había alcanzado la sabiduría) y le dijo: «Maestro, creo que todavía no he alcanzado la sabiduría, y estoy dispuesto a hacer lo que sea para poder alcanzarla».

El maestro, que consideraba que su alumno ya estaba como para salir al mundo, porque tenía aquellas necesarias distinciones, le respondió: «¿Qué crees que conviene hacer?». El discípulo le respondió: «Creo que tengo que ir a las montañas hasta la parte más alta, donde vive el ermitaño, sentarme a su lado y quedarme con él hasta que él me pueda dar acceso a la sabiduría».

«Tú sabes que puede ser un viaje de toda una vida», exclamó el maestro. «No importa, estoy dispuesto a hacer lo que sea», le contestó el discípulo.

El maestro y el discípulo se despidieron con un abrazo entrañable, sabiendo ambos que tal vez no volverían a verse de nuevo. El discípulo recogió sus pocas pertenencias y se fue hacia la montaña.

Cuando estaba llegando al pie de la misma montaña donde vivía el ermitaño sabio, se encontró con un anciano que bajaba cargado con una gran cantidad de leños.

Este discípulo tenía las distinciones como para percibir que algo bueno estaba sucediendo a su alrededor, y desde estas distinciones le surgió la idea de que este anciano tenía algo para darle. Así que, sin perder tiempo, se acercó al anciano que venía bajando con todos los leños y le dijo: «Anciano, disculpe, estoy yendo hacia la cima de la montaña a encontrarme con el ermitaño sabio en busca de la sabiduría; ¿usted tiene algo para mí que me pueda servir?».

El anciano lo miró y sin emitir palabra tiró al suelo todos los leños que cargaba.

El discípulo al ver esta acción se dio cuenta de lo que el anciano trataba de explicarle. «¡Cómo no me había dado cuenta antes! Este es el principio de la sabiduría, lo veo», exclamó el joven. «Este anciano me está mostrando aquello que he venido a buscar. ¡Claro! Lo que este anciano me está enseñando es el principio de la sabiduría, que es soltar las cargas. Es dejar caer todas estas cargas que tenía».

Entonces se acercó emocionado al anciano diciendo: «¡Anciano bueno, te agradezco por lo que me has dado!». Él no sabía que este anciano que estaba bajando de la montaña era el ermitaño sabio que vivía en la cima. «Te agradezco que me hayas dado el principio de la sabiduría. Ahora entiendo lo que es soltar las cargas. Pero tengo una pregunta más. ¿Qué hago después de soltar las cargas?».

El anciano se quedó mirándolo. Y sin quitarle la mirada de encima levantó uno por uno los leños que había tirado y se fue.

La sabiduría de un inmigrante feliz radicará en saber soltar las cargas y tomarlas cuando sea necesario.

Y en eso radica la profundidad del concepto del aprendizaje.

La palabra *aprender* resulta espectacular para vivir el nuevo tiempo de ser un inmigrante feliz. Su

> **Estoy convencido de que cambiaremos la nación que habitamos, de que la haremos el lugar más maravilloso del mundo.**

misma etimología nos ayuda a comprender la importancia que tiene para nosotros en estos tiempos.

Es una palabra compuesta por *a* y *prender*. *A* significa «sin». Dicho de otro modo es «sin prender», o sea, «soltando paso a paso».

Solamente comprender la profundidad de la palabra *aprender* (*a-prender*) nos ayudará a ver que es muy difícil llegar a un futuro poderoso sin soltar el pasado.

Algunos creen y quieren tener un aprendizaje acumulativo. Pero eso no sirve para ser un inmigrante feliz. Se necesita un aprendizaje transformativo, un aprendizaje que suelte para tomar lo nuevo, que se permita desprenderse del ayer para tomar el mañana. ¡Eso es aprender!

Luchando contra los enemigos de que a-prendas

Hay enemigos que tenemos y que no nos permiten soltar. Estos enemigos son:

- Las emociones. No aprendemos cuando deseamos guardar cada parte de los sentimientos de nuestro ayer en el frente activo de nuestra memoria.
- «Soy así». No aprendemos cuando creemos que llegamos con una manera de ser y no comprendemos que estamos en un *siendo*, en un constante aprendizaje, desafiados a ir hacia nuevas alturas.
- «Las circunstancias no ayudan». Creer que es necesario tener lo de afuera resuelto para resolver lo de adentro es un enemigo que no nos permite soltar y emplear nuevas formas.
- «Ya estoy viejo para algo nuevo». Pensar que estamos muy ancianos para soltar nuestra vida y que si fuéramos más jóvenes seguro tendríamos más posibilidades.

Aprender no tiene que ver con el maestro o con la situación, sino con el compromiso del que aprende. Con la elección de soltar cada carga para ir por nuevas interpretaciones de vida que me sirvan y me permitan a mí y a mi familia ser inmigrantes felices.

Aprender es la aventura emocionante de un inmigrante feliz.

Entrenémonos para triunfar

1. ¿Cuáles son los enemigos que necesito sacar de mí para aprender a ser un inmigrante feliz?
2. ¿Qué otras cargas tengo que soltar para ir por leños nuevos?
3. Escribe en el foro acerca de esta experiencia y comparte con los demás las elecciones para dejar de ser un conquistador y comenzar a ser un colono de una nueva tierra. Solo tienes que ingresar a www.seuninmigrantefeliz.org/foros.

Capítulo 20

SOLUCIÓN 14: PERSEVERAR, PERSEVERAR, PERSEVERAR...

Ser un inmigrante feliz, colono de una nueva tierra, dispuesto a mirar hacia adelante y no hacia atrás, eligiendo pararse encima de su tabla de surf y buscar erguido el futuro, requiere de una gran cuota de perseverancia.

No implica solamente sacrificio. O una parte importante de nuestro esfuerzo. No se trata solamente de levantarse cada mañana y avanzar hacia el futuro. Es más que eso. Es comprender el concepto de la perseverancia.

Ya hemos hablado de la perseverancia. Pero la nueva vida que eliges vivir requiere que profundices en esto. Cuando todo parezca que se está derrumbando, cuando la gente te diga que debes ser interesado y no vivir en la entrega, cuando alguien te diga que de nada importa tu comunidad, es tiempo de comprender que para ser un inmigrante feliz... ¡hay que perseverar!

Perseverancia es una palabra que significa «estar adherido a, estar siempre listo».

Para lograr el éxito que buscamos, disfrutar de nuestra latinidad en medio de esta sociedad, necesitamos perseverar. Necesitamos sostenernos, estar adheridos constantemente a.

La perseverancia tiene una gran cuota de diseño de futuro.

No perseveran los que viven en la incertidumbre o los que viven cargando un pasado en sus hombros.

Persevera el que usa todo lo que le pasó para construir un mañana mejor para él y para sus hijos, sus seres queridos y todo aquel en el que es de influencia.

Reflexiona conmigo en todas aquellas cosas que te salieron mal, o todos los sufrimientos que hayas tenido en los últimos años.

> **Es tiempo de comprender que para ser un inmigrante feliz... ¡hay que perseverar!**

Y ahora pregúntate si estás usando esas experiencias como aprendizaje para ir hacia un futuro poderoso o son grandes muros que limitan tu vida cotidiana y te llevan a mirar seriamente hacia atrás.

La perseverancia no está solo enfocada en las acciones.

Algunos tratan de perseverar sosteniendo acciones, pero lo hacen con una manera de hablar y mirar de claudicación, queja e insatisfacción.

La perseverancia, antes que una acción, es una disposición. Elijo perseverar. Más allá de que las situaciones me inviten a claudicar, yo me dispongo a perseverar.

Algunos entienden la perseverancia como una carrera de cien metros en la que hay que llegar rápido. Aunque no es así. Es más bien una carrera de fondo. Hemos dicho muchas veces que nadie puede llegar al lugar que no eligió ir. Ahora, parafraseando a Lewis Carroll, le agregamos: puedes llegar a cualquier parte, siempre que andes lo suficiente.[1]

Ser un inmigrante feliz se logra comenzando la carrera con la distinción «perseverancia» en nuestra valija.

Comprendiendo que es una carrera de distancia, no una carrera corta.

Si fuera una carrera corta, con salir raudos hacia la meta, con rapidez y sin parar bajo ninguna circunstancia, serviría. ¡Pero ser un inmigrante feliz es un maratón! Cuando el cuerpo se bloquea, cuando la presión es mucha, cuando creemos que no nos dan más las fuerzas, aparece la perseverancia.

No ganan maratones los talentosos, sino los preparados.

Y la perseverancia convierte la pasión en acciones, la teoría en práctica, los sueños en realidades.

La perseverancia tiene que comenzar a estar en tu lenguaje.

Me sostengo y me mantengo hablando del futuro por el que siembro. Mirando desde hacia dónde voy y no solo desde dónde vengo.

Aquellos maratonistas o deportistas de alto rendimiento saben que el éxito está después de que la mente te dice: *Abandona ya.*

Perseverar y mantenerse adherido a continuar firme hacia el futuro es lo que les permite ser diferentes.

No se corren cuarenta kilómetros a un ritmo constante solo porque el cuerpo te lo permite.

Se corren porque hay una cuota extra de perseverancia en la sangre de los campeones.

Y eso necesita un inmigrante feliz.

En cualquier deporte de alta exigencia se sabe que ya no depende de la destreza o la preparación. Todos los que llegan a estar entre los diez mejores de esa disciplina tienen destreza y preparación. Tampoco depende de la suerte o las circunstancias. Todo depende de lo que pase en tu cabeza.

Y la manera de llegar a ser un inmigrante feliz, nuevo colono de una nueva tierra que influencia a su comunidad, y vivir cada día de manera especial, es perseverando, perseverando, perseverando.

Perseverar es venir desde quién elijo ser y no solo desde quién fui.

Es poder pensar y hablar desde lo que sucederá en nuestras vidas y no solo desde lo que ya sucedió.

Me gusta estudiar casos en las Escrituras y fuera de ellas que nos ayuden a incorporar nuevas distinciones.

Siempre me he preguntado por el momento en que los discípulos de Jesús recibieron poder desde lo alto.

Ellos recibían lo que Jesús les había prometido.

Pero desde la ascensión de Jesús a la recepción del poder ellos no tenían idea de cuánto tiempo iba a pasar.

Sin embargo, la Biblia menciona que en esos días ellos perseveraron junto con María, la madre de Jesús, y con sus hermanos.[2] Vivían una situación difícil. Habían matado a su líder y la ciudad estaba convulsionada. Cualquiera de ellos podía morir de la misma forma. Y Jesús ya no estaba allí. Quien les había mostrado un futuro mejor no estaba entre ellos.

Ellos podían haber elegido volver por donde vinieron.

Pero no se fueron nuevamente a la tierra en la que nacieron.

Ellos eran galileos. Era un grupo de personas vistas con desprecio por los judíos de Jerusalén. Los consideraban brutos, inferiores, no elegidos.

Once de los discípulos que Jesús había llamado eran galileos. Inmigrantes en la tierra de los de Judea.

Me gusta pensar en los galileos como inmigrantes en Judea.

Así se los veía. Ellos mismos se veían así. Cuando tuvieron claro su propósito, cuando sabían que debían dar lo mejor de ellos, cuando miraron hacia adelante y no hacia atrás, fue entonces que llegaron a ser una posibilidad para el lugar. Pero todo esto comenzó cuando perseveraron.

Ellos podrían haber decidido irse.

Plantear que volverían cuando las condiciones estuvieran dadas. Que en su tierra de origen ellos tenían casa y trabajo, y que cuando lo bueno prometido llegara los volvieran a llamar.

Ellos podrían haber hecho eso. Cuando Jesús ascendiera, regresar a su vieja vida. Pero no lo hicieron. Se mantuvieron firmes, unánimes, perseverando juntos.

¡Cuántos inmigrantes vemos que luego de conocer su propósito, de saber cuál es su mejor lugar, de vivir una vida plena, eligen volver por donde vinieron!

Solo porque su líder ya no está, la situación cambió o todo se puso más difícil.

No hay relatos que digan que esto pasó.

Si así hubiera sido seguramente no hubieran recibido el poder diez días después.

Ellos perseveraron.

Se mantuvieron adheridos a la promesa, alineados con las elecciones que habían hecho, y se convirtieron en ciudadanos de un nuevo reino y embajadores de Cristo manifestando su poder hasta lo último de la tierra.

> **Cuando miraron para adelante y no para atrás fue entonces que llegaron a ser una posibilidad para el lugar.**

Pero para que eso sucediera perseveraron.

Ellos vieron ascender a Jesús y no sabían más de su futuro.

Solamente tenían las palabras: «Va a venir el Consolador».[3]

Las palabras: «Va a haber bendición sobre sus vidas».

Las palabras: «El Espíritu Santo traerá poder sobre ustedes».[4] Pero ninguna palabra decía exactamente cuándo.

Aunque no siempre sucedió así. El mismo Pedro, días antes, cuando las circunstancias cambiaron buscó rápidamente volver a su vieja vida.

Pedro luego de la muerte de Jesús se fue a pescar.

Esto lo convertía en alguien que volvía a su pasado.

Que volvía a su vieja ocupación. Que volvía a su vieja tierra.

Era un líder tan poderoso que se llevó a otros con él.

Juntos traían nuevamente el pasado al presente. Las circunstancias eran más grandes que ellos.

Lo que estaban haciendo era volver a su vieja vida.

No perseveraron...

¿Cuándo sucede esto en la vida de un inmigrante?

Cuando dejas de tener futuro.

Cuando dejas de adherirte al futuro al que te comprometiste y que elegiste llevar adelante sucediera lo que sucediera.

Cuando dejas de mirar desde tu futuro y comienzas a mirar desde tus dolores, desde lo que el físico te dice, desde las emociones.

Cuando dejas de tener una mentalidad de nuevo colono y solo eres un conquistador en busca de nuevas conquistas.

Para Pedro en ese momento se había terminado todo. Solo le quedaban los recuerdos.

Entonces, ¿qué mejor que volver a esos recuerdos?

Dos momentos diferentes. Uno en el que miró hacia el futuro, el otro en el que solo trajo el pasado al presente.

Por eso es clave ayudarte y ayudarnos a construir el futuro perseverando más allá de toda situación, circunstancia o problema.

Ayudarte a ser un inmigrante que elige perseverar e ir con decisión hacia una nueva tierra. Perseverar se convierte en la brújula en medio de una tormenta.

Vamos tras la tierra prometida.

La nueva vida en donde entregaremos todo de nosotros.

¿Has visto a algunos que han venido a la tierra que habitas como inmigrantes con grandes ilusiones o que han liderado a multitudes, y que hoy han vuelto a su vieja vida?

Todos hemos visto a personas que no perseveraron. Que no supieron cómo. Que las situaciones pudieron más que ellas.

¿Cómo podemos lograr que esto no nos suceda a nosotros o a nuestros seres queridos?

La clave es sostener, adherirse a esa visión de futuro.

Y tener en cuenta que la visión no vive en las circunstancias. Vive en tu corazón.

Desde allí se transporta por tu sangre a tu lenguaje, a tus palabras. Y te levantas cada nuevo día sabiendo que estás más cerca de ver aquello con lo que te comprometiste.

Los grandes hombres y las grandes mujeres que habitaron esta tierra y cambiaron sus culturas y sociedades fueron hombres y mujeres que perseveraron.

Que se adhirieron a su visión, que hablaron desde su propósito.

Que no claudicaron cuando las circunstancias fueron adversas, sino que se entregaron de lleno a construir, a diseñar, a generar el futuro que alguna vez soñaron.

Las historias de los inmigrantes en cada país son historias de hombres que perseveraron. Que luego de hacer suya la tierra que pisaban, de convertirse en colonos, se mantuvieron firmes mirando hacia la meta, hacia un llamamiento más alto, hacia aquello que trascendía más allá de ellos mismos.

Busca hoy mismo la historia de los hombres que forjaron la nación en la que vives.

Verás qué gran cantidad de inmigrantes felices hay allí.

Porque la felicidad no es un sentimiento pasajero de satisfacción, sino un gozo permanente de plenitud conforme a hacer lo que dijiste que ibas a hacer, vivir acorde a principios y no solo medios, y mirar siempre hacia adelante con optimismo.

Encontramos en las Escrituras que Pedro participó de los dos acontecimientos.

Luego de la muerte se fue a pescar. Luego de la ascensión eligió perseverar.

¿Qué había cambiado en su vida?

Había recibido un poder especial que lo completaba para hacer de su vida algo único y ser una posibilidad para millones.

Tú también puedes vivir eso hoy. No importa si ayer claudicaste. Si te volviste a tu vieja vida. Hoy puede ser el día en que elijas perseverar.

No podemos decirte con exactitud cuándo sucederá lo que buscamos, pero sí podemos decirte que el camino hacia ello será extraordinario.

Pedro luego de la ascensión eligió también perseverar.

Estaban todos perseverando.

Y lo hacían sin saber cuánto tiempo les llevaría.

Mañana puede cambiar la historia de los lugares donde habitamos.

Y eso no depende solo de lo que pase fuera de nosotros, sino también dentro de nosotros. Y depende primordialmente de nuestra perseverancia.

Perseverar es saber con todas las letras que la clave no son las circunstancias, sino cómo me relaciono con ellas.

Y para ser un inmigrante feliz, nuevo colono de una nueva tierra, debo elegir perseverar e ir hacia mi futuro con esmero y propósito.

No permitirles a las circunstancias que puedan contra mí.

O a las personas que no me quieren allí que hagan que me aísle o regrese.

O a los que no desean que busque un futuro prometedor para los míos que logren que guarde mis sueños en el cajón del alma.

Persevera.

Hoy es el primer día del resto de nuestras vidas para ponernos de pie e ir hacia el futuro prometedor sin importarnos cuánto vamos a tardar para llegar a él.

Y lo haremos con una fe viva, con la cabeza erguida y preparándonos cada día para ser los que elegimos ser y no los que fuimos.

Venimos del futuro con perseverancia. Presentándoles batalla a las circunstancias.

Algunos desfallecen sin siquiera presentar batalla.

Recuerda que no hay victoria sin batalla.

Debemos perseverar paso a paso.

Un inmigrante feliz es aquel que hizo de la perseverancia un estilo de vida. No se dejó abatir ni por las circunstancias ni por los otros ni por los problemas, sino que se mantuvo firme por su futuro.

Con la mira puesta en la entrega. En la pasión de lo que había por delante.

No seamos aquel inmigrante que solo está bien cuando pasa un buen momento o cuando las cosas salen bien. Perseveremos y mantengámonos íntegros con nuestros ideales.

Verás que perseverar te llevará a lugares que nunca pensaste que llegarías. ¡Sé un inmigrante feliz y persevera!

Entrenémonos para triunfar

1. Escribe las áreas en las que necesitas perseverar para llegar a ser un inmigrante feliz, nuevo colono de un nuevo tiempo.

2. Elige un compañero de perseverancia. Dile que durante el próximo mes cada día se recordarán que deben perseverar. Elijan tres cosas por las que cada día perseverarán.

3. ¿Qué acciones te comprometes a llevar a cabo en estos días para lograrlo? Escríbelas en detalle con acciones concretas. Y escribe tus compromisos con ellas.

4. Escribe en el foro acerca de esta experiencia y comparte con los demás las elecciones para dejar de ser un conquistador y comenzar a ser un colono de una nueva tierra. Solo tienes que ingresar a www.seuninmigrantefeliz.org/foros.

Capítulo 21

SOLUCIÓN 15: VENCE LA ANSIEDAD Y LA ANGUSTIA

Nuestra pasión latina a veces nos juega en contra. A veces estamos mucho más preocupados de lo que deberíamos. ¿Por qué tantas veces entramos en espacios de preocupación?

Para ser un inmigrante feliz tenemos que empezar a conocer cada espacio de preocupación y atacarlo por el nombre que tiene.

Necesitamos conocer esa preocupación, trabajarla y diagnosticarla. Y poder trabajar en pos de eso.

No más inmigrantes caídos por emociones quebrantadas.

No más personas que se caen y se cansan porque las cosas no salen como desean o como saben que deberían salir.

No podemos buscar nuevos pensamientos con viejas maneras.

Sabemos que los modelos del remo, la conquista y la queja están acabados.

No alcanza con pararse a protestar con la bandera de tu país de origen para que te den las llaves de una casa donde estás de visita.

Debemos caminar confiados con nuevas herramientas, y *Sé un inmigrante feliz* nos ayuda a hacerlo.

Salir de los espacios que lo razonan todo y que no logran nada.

Para caminar sobre el agua hay que escuchar la voz que te dice: «Ven», y sacar el pie del bote.

Para ser un inmigrante feliz necesitamos conocer cada espacio de preocupación y atacarlo por el nombre que tiene.

La preocupación hace que muchos se inactiven, se dejen caer y no puedan ser de influencia en su familia, en su trabajo, en su comunidad.

Hay muchos deprimidos, preocupados, con la cabeza mirando al ayer.

Buscando una mejor calidad de vida, pero al no prepararse y no tener el corazón listo para ser los nuevos colonos, inmigrantes felices de la bendita tierra que los cobija, viven preocupados y esa preocupación los mata.

Ser un inmigrante feliz es asumir el compromiso de salir de todo tipo de preocupación para poder subir al siguiente nivel en tu vida y tus desafíos.

> La preocupación hace que muchos se inactiven, se dejen caer y no puedan ser de influencia en su familia, en su trabajo, en su comunidad.

Vencer las preocupaciones es agua pura y fresca para millones de latinos sedientos de nuevos modelos de relación y participación ciudadana.

Hay diferentes tipos de preocupaciones en la vida de un inmigrante, las cuales podemos desterrar...

Para ser inmigrantes felices necesitamos no solo ser colonos, no solo entregar nuestras vidas, no solo entender que el poder está en nosotros, no solo ser flexibles en nuestro diseño de futuro, sino además vencer la preocupación.

Muchísimas personas viven hoy sumidas en la depresión.

En medio de un mundo de preocupaciones cotidianas que son más grandes que ellas mismas.

Necesitan ver con claridad cuál es el diagnóstico que tienen para que rápidamente puedan salir de allí.

Algo que cada vez golpea más a los inmigrantes es la ansiedad.

Se produce por diferentes situaciones de afán, como la comida, el vestido, las cuentas...

La definición de *ansiedad* es «tener la mente partida en mil pedazos».

Pensamientos de toda índole que atacan tu ser a la vez.

Eso produce que te distraigas, que trates de atenderlo todo.

¡Y una mente distraída es una mente derrotada!

Las calles se llenan cada día de inmigrantes que viven dispersos, con la mente partida en cómo comer, cómo vestirse, cómo lograr un trabajo. Y estas constantes formas en lo cotidiano hacen que la persona esté viviendo inmersa en la ansiedad.

La preocupación que distrae y que produce la ansiedad es uno de los serios problemas de este tiempo. No solo de los inmigrantes, sino de toda persona que vive en la sociedad actual. Y esto ocurre por tratarse de una sociedad «multi task» (multitarea). Esta generación está acostumbrada a pensar cuarenta cosas a la vez; a abrir diez ventanas diferentes en su computadora; a atender al mismo tiempo el teléfono, el texto, las redes sociales y el carro.

¿Cómo es la mañana de muchos hombres y mujeres que conocemos y amamos?

Se levantan temprano, se ocupan de supervisar o llevar a sus hijos a la escuela, hacen la comida, aprovechan y por teléfono dan las indicaciones de algo que debe suceder en el día, en el trabajo, con la familia. Mientras se ocupan de que todo salga perfecto, buscan qué ponerse. ¡Y todo eso antes de las siete y treinta de la mañana!

Todos los días. Una gimnasia constante con la mente partida en mil pedazos.

Así es como vemos a miles de personas ansiosas y distraídas, frustradas, sin saber cómo llegaron allí.

El mundo de hoy te invita a pensar en veinte cosas a la vez.

Sin embargo, existe la manera de no estar afanosos por ni siquiera una sola cosa.

Los evangelios, una vez más en expresión de la sabiduría de Jesús, nos cuentan sus palabras cuando mencionó que la vida era más que el alimento y el cuerpo más que el vestido, y cuando nos dice que miremos a los cuervos que no siembran ni siegan, y que tampoco tienen despensa ni granero y, sin embargo, Dios los alimenta. Y con esta misma profundidad expresa cuál es la clave para salir del afán, de la ansiedad, de una mente partida en mil pedazos. Nos dice que en primer lugar busquemos el reino de Dios y su justicia, y todo lo demás será añadido.

La clave para poder salir de todo tipo de preocupación que nos distrae no es no pensar en veinte cosas, sino pensar en ellas de una en una. Una a la vez.

Necesito en estos tiempos comenzar a aprender a poner el foco en una cosa.

No significa hacer solo una cosa y dejar las otras, sino que al comenzar tu día las ordenarás y pondrás el foco en una a la vez.

No te pongas ansioso por nada.

Más bien ocúpate de poner lo mejor y lo más importante primero, y luego haz el resto, pero una cosa a la vez.

Cuando uno deja de estar ansioso, pone las cosas de una en una y confía en que Dios añadirá una paz especial que vendrá sobre su vida.

> **Una mente distraída es una mente derrotada.**

Y esto es lo que necesitan hacer los inmigrantes de hoy día.

Salir de todo tipo de ansiedad, de mente dispersa, y poder centrarse en hacer lo mejor que puedan; generar los contextos para que su familia pueda disfrutar de las bondades de la nueva tierra, del nuevo tiempo, de los nuevos desafíos.

Se puede ser un inmigrante feliz eligiendo dejar de tener una mente dispersa y comenzando a ocuparse de las cosas una a la vez. Esto traerá paz a tu vida.

He viajado por cientos de lugares durante más de la mitad de mi vida. Y he entrenado y ayudado a muchos hombres y mujeres cuyo problema principal era la dispersión y la procrastinación, el dejar para luego lo que deberíamos hacer ahora.

Poner el foco en una sola cosa a la vez te ayudará a no dejarte llevar por sentimientos y miradas que te llenan la cabeza de cosas, pero que te quitan acción. Enfocarlas de una en una te traerá paz.

Podremos convertirnos en portadores de paz cuando dejemos de permitirle a la ansiedad apoderarse de nosotros, y elijamos ocuparnos de una cosa a la vez. Seremos transformadores de la vida de los preocupados.

Vivimos en un mundo deseoso de paz. Muchos emigran en busca de paz.

Sin embargo, las ansiedades y preocupaciones que distraen les hacen creer que es imposible conseguir esa paz, y se desmoronan.

Pero la paz está disponible en aquellos corazones que ponen el foco en una cosa, que buscan lo importante y que no les permiten a sus mentes entrar en procesos de dispersión.

Es hora de que nos tomemos en serio, que podamos ayudarnos y ayudar a otros en lo que más necesitan: paz y cuidado.

Hay que contarle a todo el mundo que nos rodea que se puede disfrutar de la vida, que se puede vivir en paz. Que se puede salir de la dispersión cotidiana y ser un inmigrante feliz.

Para eso son cada una de estas distinciones y soluciones. Para que juntos hagamos un mundo mejor. ¡Empezando por el nuestro!

Empezando por nuestro interior y dándole a nuestra mirada nuevas herramientas que nos hagan más poderosos en cada acto de nuestra vida.

Es hora de trabajar el interior.

Dejar de buscar en el afuera y en las acciones lo que podemos comenzar a construir desde dentro.

Ser un inmigrante feliz es también ser un portador de paz porque no permito que la ansiedad pueda conmigo o con mi gente.

El truco de este mundo es hacerte creer que hoy no puedes concentrarte, que estás muy ansioso, que tienes muchos problemas.

Pero saliendo de la ansiedad dejaremos de estar partidos y comenzaremos a sentirnos fortificados y en paz.

Ampliando la superficie

Otra de las preocupaciones que hacen que una persona no llegue a ser un inmigrante feliz, un nuevo colono de un nuevo tiempo, es la angustia.

Angustia es «estar moviéndose en un terreno reducido». Viene de la misma raíz que la palabra *angosto*.

La angustia es estar parado en un terreno angosto en donde cuesta movilizarse.

A diferencia de la ansiedad, que es una mente dispersa, la angustia es un corazón estrechado, angustiado, reducido.

¿Cuántos inmigrantes hemos visto llegar a una nueva ciudad y vivir por semanas o meses en la angustia?

Y mirar hacia atrás y encontrar recuerdos, y mirar hacia adelante y solo ver incertidumbre. Y el pecho se oprime... Y aparece la angustia.

Cuando hay incertidumbre en cuanto al futuro y frustración por el pasado, el pecho se oprime, se angosta y aparece la angustia.

Y sales a la calle buscando dejar esa sensación atrás sin darte cuenta de que este tipo de preocupación que te hace que no seas un inmigrante feliz no tiene que ver con circunstancias, sino con la manera en que me relaciono con ellas.

> **La angustia es estar parado en un terreno angosto en donde cuesta movilizarse.**

Muchas veces es imposible no sufrir tribulaciones o problemas, pero un inmigrante feliz sabe que el dolor es inevitable y el sufrimiento, opcional.

No vivimos solo por lo que pasa afuera, sino por lo que pasa dentro de nosotros.

No vivimos solo por decisiones sobre lo que pasa afuera de nosotros, sino por elecciones basadas en nuestros compromisos, en nuestra visión, en nuestros sueños.

Vivimos por elecciones. Para poder llegar a vivir la vida de nuevo colono debemos poder relacionarnos poderosamente con la angustia.

Encontramos a muchas personas que viven con el «no sé» a flor de piel. «No sé qué pasará con mis papeles». «No sé qué voy a estudiar». «No sé en qué voy a trabajar». Y todos esos «no sé» juntos producen mucha angustia.

No es ansiedad. Es angustia. La ansiedad es una mente partida en mil pedazos. La angustia es un terreno estrecho.

Es como estar parado en una baldosa.

Estoy ceñido. No puedo moverme de los límites que me impone la baldosa.

Muchos pensamientos generan limitaciones que luego producen angustia.

Cuando uno llega a un nuevo país viene con los modelos mentales que aprendió e incorporó en su país de origen. En cuanto a la historia. En cuanto a la biología. En cuanto al lenguaje. A la manera de hablar. A la forma de relacionarnos.

Muchos de estos modelos pueden servirnos para ayudarnos a crecer, pero muchos también nos limitan. Repito, es como estar parados en una baldosa. No sabemos muy bien lo que nos pasa, pero sabemos que no nos podemos mover, que no encontramos la salida, que estamos en un terreno estrecho, angustiados.

¿Puedo ser un inmigrante feliz en medio de la angustia? Seguro que no. Pero hay una solución. Si has pasado los últimos años de tu vida en un terreno estrecho y angustiado, hay una solución.

La solución para el terreno angosto es ampliar la superficie.

¿Conoces la fórmula de la presión?

Peso sobre superficie. Si el peso es de diez y la superficie es de uno, la presión será de diez.

Es urgente poder dedicarle tiempo a ampliar aquellas zonas de terreno angosto, en vez de estar todo el tiempo pensando en las circunstancias externas a nosotros.

Lo que acostumbramos a hacer es atacar el peso, tratar de cambiar el peso, protestar por el peso, buscar cambiar el peso.

En una oportunidad que estaba en un hotel se me acercó una joven que servía las mesas, inmigrante de un país de Sudamérica.

Me preguntó de dónde era. Le contesté que provenía de Miami. Ella me dijo rápidamente su deseo de ir a Miami. Estábamos en el norte de Estados Unidos en un tiempo invernal y de heladas, y el solo hecho de hablar de Miami ya producía un calorcito que entibiaba el alma.

«Quiero vivir allá», dijo. «Aquí tengo tres trabajos».

Eso es lo que hacemos normalmente cuando estamos angustiados. Atacamos el peso. Tratamos de hacer más cosas con la misma manera de ser de ayer, buscando un resultado diferente mañana.

¿Has pensado que solucionarías las cosas haciendo más de lo mismo?

Atacamos el peso. Quizás con más fuerza. Buscamos derrotar a eso que tenemos sobre las espaldas y que está generando una terrible presión y angustia.

Cuando la cosa se pone difícil hacemos más cosas, pero con la misma manera de ser que teníamos antes.

Creemos que es eso lo que nos produce angustia. Y no es el peso lo que nos produce angustia, sino la ecuación del peso con la superficie.

El peso no va a cambiar, y si lo hace quizás aparezcan nuevas circunstancias que nos opriman, o que nos presionen a tal punto que nos produzcan un terreno estrecho.

Si el peso es de diez y la superficie es de diez, la presión se reduce a uno. No cambió el peso, pero sí se redujo la presión.

¿En qué áreas de nuestras vidas necesitamos ampliar la superficie?

¿En qué dominios tenemos que prepararnos más, invertir en crecer, elegir ampliar lo que tenemos?

Muchas veces la superficie que teníamos en el modelo anterior no alcanza para el siguiente modelo.

Ampliar la superficie no es solo generar más acciones, sino hacerlas con un nuevo nivel de pensamiento, con una nueva mirada, con una forma poderosa de relacionarte.

Solucionar las cosas no es hacer más de lo mismo. Es ampliar, es generar, es ver desde otro lugar.

Un inmigrante feliz que busca ser un nuevo colono y no solo un conquistador pasajero buscará ampliar la superficie en aquellos dominios donde le están faltando habilidades o distinciones.

Hay que invertir en salir de la presión. No esperar que lo de afuera lo haga, sino poner lo mejor de nosotros para hacerlo. A veces ampliar esa superficie puede tardar algunos años, pero llegará.

Ampliar la baldosa es ampliar nuestra superficie interior, y desde allí seguramente la angustia disminuirá hasta desaparecer.

Leer este libro te ayudará a ampliar la superficie.

Porque no estás solamente generando nuevas acciones, sino buscando ser un observador más poderoso.

> No estás solamente generando nuevas acciones, sino buscando ser un observador más poderoso.

Para salir de la angustia es necesario no solo poner el foco en una sola cosa, sino buscar que el terreno en el que te paras se agrande. Es salir del espacio que te limita. Dejar de atacar el peso.

Esto no significa que cambiará el mundo. Sino algo más importante aún. ¡Va a cambiar tu mundo! Y esto hará que pueda cambiar el mundo del otro. Uno a la vez.

¿Un solo verso?

Creemos y confesamos que vivimos en una realidad única y con posibilidades de ser vista por cualquiera. Pero eso no es correcto. Al vivir en mundos interpretativos, eso nos hace darnos cuenta de que puede haber una gran cantidad de mundos interrelacionados. No es un único mundo que tenemos que descubrir, sino una serie de mundos que funcionan en común. Algunos siguen poniendo sus fuerzas en lo que pasa afuera de ellos porque creen que vemos las cosas como son. Pero ya desde hace algún tiempo la gran mayoría de los que lideran este mundo saben que no vemos las cosas como son, sino que las vemos como somos. Que no vivimos en un único mundo, sino que cada uno ve desde quién es.

No vivimos en un universo, sino en un multiverso. Múltiples versos. Muchas maneras de decir y de ver el lugar donde habitamos. Y cuando cambiamos el nuestro nos llevará a ser inmigrantes felices y ayudar a otros a que también lo sean.

> No vivimos en un universo, sino en un multiverso.

Podemos elegir ampliar nuestra superficie, renovar nuestra mente, ampliar nuestro universo comprendiendo que hay múltiples versos, y saber que este camino nos llevará con éxito a ser inmigrantes felices que influencian una comunidad de adentro hacia afuera.

¡Qué buena idea sería comenzar hoy mismo! Hacerme cargo de las áreas que tengo que ampliar y elegir ir por ellas.

Poder caminar mirando también los mundos de otros y buscar llenar el mío con los principios y valores que los están ayudando a elevarse, a crecer, a mantener sus familias unidas y bendecidas, a poder disfrutar de lo que hacen, a ser inmigrantes felices.

¿Qué cosas debemos trabajar en este día para hacer más amplia nuestra superficie en lo espiritual, en lo matrimonial, en lo familiar, en lo laboral, en lo personal? ¿Qué nuevas herramientas y distinciones necesitamos incorporar para hacer que nuestras vidas tengan mayor superficie?

Nos angustiamos porque tenemos el terreno estrecho. A veces creemos que ampliar la superficie tiene que ver con hacer más, o trabajar más. Pero no es así.

Conozco la historia de una mujer que tenía una excelente vida. Una muy buena familia, un muy buen trabajo, amor y comprensión. Nada le faltaba. Sin embargo, un día uno de sus hijos viene con la noticia de que sería abuela.

Ese niño nacería en una tierra donde se hablaba otro idioma diferente al que ella estaba acostumbrada. Eso en principio le produjo angustia. Pero al pasar los días tomó una decisión.

Fue a la escuela e hizo un examen. Ni una palabra salía de su boca en la lengua de su nieto, pero ella estaba andando por un camino de certidumbre. Dedicaría las horas que fueran necesarias para aprender a hablar al ritmo de su nieto. ¡Cuándo él hablara fluido, ella también!

Esta dama no se quedó excusándose porque no tenía tiempo, porque ya estaba avanzada en edad, o pensó que igual hablaría de algún modo, sino que eligió ampliar su superficie.

¿Tendría angustia en un futuro cuando en medio de conversaciones no se entendieran? No. Simplemente porque había tomado la decisión correcta de ensanchar su interior. No hay lugar para terrenos angostos con personas dispuestas a ampliar superficies de bendición para sí y para otros.

Un buen ejemplo que podemos seguir.

Comunicándonos, comprometiéndonos, eligiendo ser una superficie más amplia, se podrá caminar hacia el lugar que hasta ahora no visitamos en nuestros desafíos y proyectos.

No nos quedemos solo con lo que traemos. ¡Vayamos por aquello que nos falta!

Ante la ansiedad, pon tu foco en una sola cosa y ocúpate de eso. Ante la angustia, prepárate en tu lenguaje, en tus pensamientos y en tus acciones para ampliar tu superficie.

Hay muchos inmigrantes que están listos para una mejor vida, listos para comprar su casa, listos para cambiar sus trabajos, listos para un nuevo estatus migratorio, pero no están preparados.

Van hacia el futuro con la misma manera de ser que trajeron de ayer. Y no se pueden lograr nuevos resultados con viejas maneras. Necesitamos prepararnos, ampliar nuestras superficies y caminar hacia una nueva tierra sin tener el corazón angosto por excusas o limitaciones, sino ensanchado por compromisos, por una visión clara y por haber elegido ser un inmigrante feliz a pesar de todo.

El gran problema de la sociedad actual es que cuando nos encontramos con dificultades, damos técnicas para que la persona cambie el hacer. Cambian el hacer con la misma manera de ser. Vino nuevo en odre viejo. Así el odre se resquebraja.

Hay inmigrantes que en medio de una sociedad mejor viven peor como resultado de nuevas miradas en viejas maneras.

Quisieron ser poderosos, pero lo hicieron con viejas formas. Y se enfrascaron en cuentas, en compromisos, en lugares que luego no pudieron sostener. Y eso les produjo angustia. Empezaron a estar cautivos por la sociedad que los tenía.

Y no pudieron ser inmigrantes felices...

Prepárate. Ensancha la superficie. Ve por el que fuiste llamado a ser.

¡Puedes ir por algo grande! ¡Ir hacia esa casa que deseas, o ese carro que te gustaría tener, o esa nueva empresa que quieres abrir!

Puedes caminar en medio de tu comunidad como alguien que acepta desafíos y que no solo trabaja para comer, sino que trabaja para producir un mundo mejor.

> **Prepárate. Ensancha la superficie. Ve por el que fuiste llamado a ser.**

Puedes ir hacia tu futuro con optimismo, más allá de donde vengas, como hayas venido o del estado en que te encuentres.

Puedes vivirlo apasionadamente y sacar lo mejor de él.

Pero prepárate. Amplía tu superficie. Diseña futuro. Ocúpate de ti de manera especial.

Eso te ayudará a que haya menos terreno angosto en tus responsabilidades y en tu relación con la vida cotidiana.

Puedes combatir la angustia y ser un inmigrante feliz si hoy además de elegir cambiar tu vida, eliges prepararte para una vida mejor.

La vida del inmigrante no es fácil.

Dejar atrás parte de tu vida, de tus afectos, de tu historia, es dejar atrás parte de ti mismo. Sin embargo, puedes crecer y convertirte en un inmigrante feliz cuando eliges ampliar tu superficie y crecer.

Cuando tengo futuro, del pasado se aprende, el pasado se disfruta, el pasado se recuerda con cariño.

Cuando no tengo futuro, la angustia me hace creer que solo tengo pasado...

¿Tenemos a nuestro alrededor gente angustiada?

Es porque tienen el terreno angosto. ¿Puedo hacer algo por ellos? Sí. Ayúdalos a ampliar su superficie.

Si mejoramos nuestras comunicaciones producto de haber incorporado nuevas herramientas conversacionales, si mejoramos nuestros trabajos y relaciones producto de habernos preparado para tratar con el otro, entonces tendremos contextos de inmigrantes felices que cambien una cultura, que ayuden en la mejoría de una nación.

Capítulo 22

SOLUCIÓN 16: DERROTA LA TRIBULACIÓN Y LA PERTURBACIÓN

L a tribulación tiene que ver con una presión que viene de afuera.

Tribulación en su definición básica es «presión mental».

Algo o alguien te presiona de arriba. Experimentas diferentes circunstancias o situaciones que se convierten en una presión que está más allá de nosotros.

Presiones, a pesar de que hiciste todo lo bueno que podías hacer.

Miles de personas son cautivas de tribulaciones y presiones externas que les hacen cambiar su alegre manera de ser, o su humor, o sus modales. Estas personas permiten que en medio de todo, la aflicción y la presión causadas por las circunstancias cambien sus vidas, sus familias, sus matrimonios.

Muchos inmigrantes creen que ser un conquistador es mejor opción que ser un nuevo colono solo porque las presiones externas los tienen atrapados. Sin darse cuenta de que las mismas presiones comenzarían a desaparecer si eligiéramos ser colonos de una nueva tierra.

¿Cómo debo relacionarme cuando estoy presionado por circunstancias que están fuera de mí?

Desarrollando y diseñando en mi interior el futuro al que deseo ir.

Como inmigrante en una nueva tierra tienes que dedicarle tiempo a preparar tu mente y tu corazón para lo que viene.

Si no te preparas para el futuro, te asaltará el pasado, te comerá el presente.

> **Muchos inmigrantes creen que ser un conquistador es mejor opción que ser un nuevo colono solo porque las presiones externas los tienen atrapados.**

Pero si ante cada presión mental tienes fortificada tu mente, diseñando el futuro, pensando en el futuro, hablando del futuro, seguramente tendrás una excelente actitud hasta que la presión pase.

Decíamos que vivimos en una sociedad sin mirada del futuro, nos cuesta mucho diseñar hacia dónde queremos ir. Y por eso ante la presión vemos sucumbir a grandes talentos y volver hacia atrás con la cabeza gacha.

Vivimos en una sociedad de hombres de brazos caídos. Los ves pasar. Trabajan como si fueran autómatas. Cada día igual que el de ayer. Sin diseñar, solo reaccionando y dejando que las circunstancias sucedan, esperando un toque de suerte o una ayuda del gobierno.

Pero ante la presión hay que venir desde el futuro. Debemos comenzar una campaña por las calles que les diga a todos los inmigrantes: «Tú tienes más futuro que pasado». Y comenzar a diseñar ese futuro en el que deseamos vivir.

Relacionarse con el presente desde el mañana. Venir desde lo que va pasar y no desde lo que está pasando.

La presión podrá contigo cuando permitas que la incertidumbre del mañana digite tus emociones; sin embargo, puedes comprender que hoy es el primer día del resto de tu vida, y que puedes ir por tu futuro de una manera poderosa y ver como la presión se diluye.

Un buen ejemplo de generar un futuro diferente empezando por uno mismo lo vemos en Mahatma Gandhi. Llegando de una tierra lejana era tratado como inmigrante en su propia tierra. Él veía que había una fuerte presión sobre la vida de los hindúes por parte del imperialismo británico.

Eso no lo hizo salir a quejarse, sino a decir que su manera de lograr que la presión se diluyera de su vida es viniendo desde el futuro que deseamos construir. Y comenzó a declarar: «Somos libres».

Era muy ridículo pensar que lo que decía era verdad, así como que los afroamericanos en Estados Unidos pensaran en aquel momento que tendrían un presidente proveniente de su seno, o que los que hoy sienten que son inmigrantes desprotegidos crean que podrán llegar a ser inmigrantes felices y con un futuro prometedor.

Y esto viene de la declaración que hacemos ante la adversidad. De la manera en que nos relacionamos con ella.

Gandhi dijo: «Somos libres», y por un buen tiempo siguió recibiendo palos en la espalda.

Hasta que los que daban esos palos se dieron de cuenta que no tenía sentido. Que ya no podían doblegarlo.

Cuando nos pongamos de pie como protagonistas en nuestra nueva tierra y creamos con convicción que vinimos a dar lo mejor que tenemos, que somos tan parte como el que estaba antes y que juntos podemos hacer de esta nación que nos cobija una gran nación, las presiones comenzarán a diluirse.

Porque del mismo modo en que el mal se hace fuerte ante la queja y el reclamo, el bien se hace fuerte ante la aceptación y la construcción seria y honesta del futuro.

Debemos dejar de estar cautivos de la falta de principios o del modelo de mirada del conquistador. Nos han engañado con conceptos mediocres y de miseria, y hemos caído en sus redes. Sin embargo, estamos listos para ponernos de pie, dejar el pasado atrás y poder caminar hacia adelante con victoria. Y poder decir nosotros también, sin importar en el lugar del mundo donde nos encontremos: «¡Somos libres!».

Hay una gran diferencia entre ser pobres y ser miserables. *Pobre*, según el *Diccionario de la Real Academia Española* de 2005, es alguien «que no tiene lo que necesita».

Yo quiero tomar conciencia de que soy pobre en aquellas áreas en donde voy por algo más grande. Pero *miserable* es otra cosa. Es alguien que vive en la desdicha. Que no puede agradecer por lo que tiene. Que no disfruta, que no es feliz.

El otro extremo de la felicidad no es la tristeza, es la miseria. Y vemos a diario a millones de inmigrantes que viven en la miseria con su manera de mirar el mundo de las limitaciones.

Inmigrantes que con poco están amargados, que con mucho están amargados.

Estoy convencido de que muchos de los problemas de los inmigrantes se solucionarían si eligieran ser nuevos colonos y no viejos conquistadores, y felices en vez de miserables.

Y creo que podemos hacerlo. Empezando por ti y por mí. Y que llevemos una sonrisa y una nueva mirada a nuestra comunidad. Y que estemos tan comprometidos con el nuevo modelo que la comunidad esté orgullosa de nosotros... y nuestros hijos también.

Para salir de la presión hay que ampliar la superficie. Hay que comenzar un movimiento de inmigrantes felices. De colonos de una nueva tierra. Con un nuevo paradigma que declare: «Vengo a darte lo mejor que tengo», «Vengo a construir un futuro de servicio para la comunidad», «Vengo a ayudar a la construcción de esta bendita nación».

Muchos son presionados y caen porque no tienen largura de ánimo. Si quieres ayudar a alguien que está experimentando presiones, ayúdalo a diseñar el futuro. Invítalo a sentarse contigo y que miren hacia adelante. Aunque tengan limitaciones, falta de preparación, problemas económicos, invítalo a diseñar. Esto los ayudará a ampliar la superficie, a saber dónde poner el foco y a no dejar que las emociones los lleven hacia el pasado del que eligieron salir.

Otro gran punto que ayuda a que la tribulación desaparezca es buscar apoyo en otros. Juntarte con personas que miran hacia adelante, que construyen futuro y que hablan un lenguaje de inmigrantes felices.

Si te pasas el día reunido con aquellos que solo se quejan del país en el que están, que son ventajistas, que buscan sacarle el mejor provecho al hoy para llevarlo al ayer sin importar el mañana, si ante la presión se esconden o desaparecen, o se dejan atrapar por la aflicción y se paralizan, no serán una buena compañía para ti y tu familia.

Si no tienes un grupo, desarrolla uno de esperanza. Que se puedan reunir para comer juntos, para soñar juntos, para orar juntos. Que puedan pensar en el futuro y hablar de él, que puedan ver cómo prepararse y ayudarse unos a otros, porque eligieron hacer de esta tierra su tierra.

Tengo un gran amigo que, junto con su esposa, siempre les abrieron los brazos a todos aquellos que llegaban a su nueva tierra.

Los he visto atender el teléfono en medio de sus ocupaciones y ser una posibilidad para alguien que había chocado un carro, o tenía un problema de salud, o solo necesitaba aliento en medio de alguna presión.

Los he visto sostener a un grupo de vecinos desde que llegaron, y alentarlos a pesar de que las circunstancias y su estatus legal no les permitía ver resultados. Pero todos ellos eran inmigrantes felices, aun en medio de la adversidad. Y hoy los veo saliendo adelante, haciendo el bien, y siendo una opción para su comunidad y su país, su nuevo país.

Ante la presión, la tribulación, es bueno diseñar un plan, venir desde el futuro, y sostenerte pensando y hablando del futuro a pesar del presente. Y rodearte de amigos que sean un sostén, que te ayuden a sembrar en buena tierra, que te equipen, y tú a ellos, para hacer de la tierra que eligieron el mejor lugar del mundo para vivir.

¿Con quién compartirías tus presiones? ¿Hay alguien a quien, ante una presión, puedas buscar y saber que puedes contar con esa persona?

Busca a alguien de suma confianza para esos momentos. Porque uno de los mejores mecanismos para salir de esta presión es contar con personas maduras a quienes poder derramarles el corazón y que te ayuden a seguir hacia adelante.

Ser un inmigrante feliz es posible a pesar de la tribulación. Solo tienes que saber qué hacer en medio de ella, y qué no hacer.

La perturbación

Hay otra clase de presión que no tiene que ver con estar con la mente distraída, o estar parado en una baldosa o tener presiones externas.

Esta clase de presión es más particular que todas las otras porque yo mismo soy el que la genero. Y es la perturbación.

Es la preocupación que tienen aquellas personas que andan ocupándose de lo urgente, pero no de lo importante. Que están obsesionadas con la periferia de la vida y no con lo central.

Los inmigrantes que viven preocupados con este tipo de perturbación son los que cada día reaccionan ante las circunstancias. Son los que no pueden poner el foco en las cosas importantes de la vida. Son aquellos que no tienen su cabeza en el centro importante de las cosas, sino en la periferia.

Cuando les va mal o cuando les va bien, cuando tienen éxito o cuando tienen fracasos, ellos siempre están preocupados.

Si eres un inmigrante de los que viven perturbados por las cosas urgentes pero no importantes y te cuesta enfocarte en el centro de las cosas, hoy es un buen día para ir por más, para elegir la buena parte. Es el día para sentarte a releer este libro, buscar todos los espacios de entrenamientos para triunfar que el mismo te plantea y generar un espacio profundo y serio para lograr nuevas cosas, para ver que tu vida es valiosa e

> No tienen su cabeza en el centro importante de las cosas sino en la periferia.

importante, y que es un buen momento a fin de hacer lo mejor para tu futuro y el de tu familia.

Es tiempo de dejar de preocuparte. Sin ansiedades, sin angustias, sin presiones externas, sin perturbaciones, y caminar con la frente en alto hacia quién elegiste ser.

Y sabiendo que no estás solo. Somos un movimiento de personas en diferentes países que hemos elegido ser una posibilidad para la tierra que nos cobija y una mano extendida para nuestra comunidad. ¡Qué buen tiempo se aproxima!

Deja de preocuparte y hazlo de otro modo

Contábamos la gran diferencia entre el conquistador y el colono. El conquistador viene a llevarse todo. El colono viene a entregar su vida.

Sigue pensando en estas cosas y poco a poco verás en qué áreas de tu vida debes hacer ajustes para ser un inmigrante feliz, para ayudar mejor a tu familia, para ser una posibilidad para tu ciudad, para convertirte en un nuevo colono de un nuevo tiempo y que todos busquen ver la manera de que te quedes y ayudes en el crecimiento de la nación.

Quiero contarte una pequeña y agradable historia que nos ayudará a pensar en cómo lo hacemos...

Es el caso de esa mujer que cuando le cocinaba al marido carne, antes de introducirla en el horno, la cortaba en las cuatro puntas. Y lo hizo así por años.

Un día el marido le pregunta: «Amor, ¿por qué cortas las puntas del trozo de carne antes de meterlo en el horno?».

«Porque así es como se hace», le contesta ella muy segura.

«Sí, vida, entiendo», le respondió él. «¿Pero por qué se hace así?», siguió insistiendo.

«¡Porque así es como se hace!», exclamó ella ya casi disgustada.

«Amor... Yo entiendo lo que dices. Y además te sale muy rica la carne, pero piensa conmigo. ¿Por qué lo hacemos así? ¿Por qué le cortamos las cuatro puntas al trozo de carne antes de meterlo en el horno?».

«Porque así me lo enseñó mi mamá», dijo ella al fin.

«¡Bien! ¿Podemos llamar a mamá y preguntarle por qué se le cortan las cuatro puntas a la carne?».

«Claro», dijo ella mientras marcaba el número de su madre.

«¡Mami!», dijo cuando su madre la atendió. «Aquí estoy con Roberto que desde hace un rato me tiene dale que te dale con preguntas sobre por qué le cortamos las cuatro puntas a la carne antes de meterla en el horno».

«Porque así es como se hace», contestó rápidamente la madre.

«Sí, eso es», dijo ella. «Eso es lo que yo le dije. Pero parece que con la verdad no le alcanza y sigue insistiendo».

«Mija, así es como se hace», siguió ella argumentando.

«Ya lo sé, mamá», respondió, «¿pero por qué lo hacemos así?».

«Bueno...», mientras pensaba dijo, «es que la abuela me enseñó a hacerlo de ese modo».

«¡Ah!», exclamaron a la vez el marido y la hija. «¿Puedes preguntarle a la abuela por qué se le cortan las cuatro puntas a la carne antes de meterla en el horno?».

«¡Abuela!», gritó ella a la anciana que se encontraba en el fondo de su casa.

«¿Por qué le cortamos las cuatro puntas a la carne antes de meterla en el horno?».

Y la abuela desde el fondo le respondió: «Yo no sé ustedes, pero yo de jovencita le cortaba las cuatro puntas a la carne porque tenía un horno, muy, pero muy pequeñito».

A veces pensamos, como estas señoras, que así es como se hace.

Que no hay otra manera.

Que esa es la forma en que deben ser hechas las cosas. Y no nos damos cuenta de que se trata de un paradigma. Un modelo mental que viene con nuestra cultura, que nos limita y no nos permite ver más allá de él.

Dejar de mirar desde nuestro pasado y comenzar a mirar desde nuestro futuro nos ayudará a ser inmigrantes felices que ayuden en la construcción de un nuevo mundo y de una nueva tierra.

Y no solo eso, sino a disfrutar de la vida cada día.

Estos nuevos paradigmas se ven cuando uno está comprometido a ir por un futuro diferente. Si no, es probable que pases por la vida luchando con el pasado con la mirada en el ayer.

Antes de llegar a la tierra prometida tienes que salir de la esclavitud. Esclavitud financiera, o mental, o espiritual, o relacional.

¿Cómo me doy cuenta de que estoy en esclavitud en determinada área? Porque estoy cautivo. Y la única manera de salir de esto, sea cual sea la cautividad que te tiene preso, es proponiéndotelo en tu corazón.

Necesitamos correr la voz entre todos aquellos inmigrantes que nos rodean y están cautivos de su pasado, de sus historias, de sus finanzas, de su legalidad, en cuanto a que se puede salir.

Y que el nuevo mundo empieza en mi mundo. Que si cada uno decide ser un inmigrante feliz, cambiaremos esa pequeña o gran porción que nos corresponde.

De la cautividad no se sale de manera pasiva, sino activa. Clamando, buscando, actuando. Más allá de lo que pase a mi alrededor.

No hay que tener vergüenza para clamar cuando uno está en cautividad. Justificarse por todo lo que no resulta bien no nos ayuda a cambiar el estado en el que nos encontramos. Llegó la hora de darnos cuenta de que se sale de todo tipo de cautividad con acción y confianza en la construcción del futuro que elegimos para nuestra vida y la de nuestras próximas generaciones.

Entrenémonos para triunfar

1. Vuelve a leer este capítulo y el anterior en voz alta tomándote tiempo para poder encontrar las áreas de ansiedad, angustia, preocupación o perturbación que enfrentas.

2. Prepárate para aplicar lo que estos capítulos dicen sobre cómo eliminar cada una de estas áreas de tu vida. Compártelo

con otros, y que las acciones que vayas a realizar sean entre dos.

3. Escribe en el foro acerca de esta experiencia y comparte con los demás las elecciones para dejar de ser un conquistador y comenzar a ser un colono de una nueva tierra. Solo tienes que ingresar a www.seuninmigrantefeliz.org/foros.

Capítulo 23

UN INMIGRANTE FELIZ VIVE AGRADECIDO

V ivo en un país de inmigrantes.

Hombres y mujeres que eligieron venir a esta tierra en busca de libertad y para entregarle lo mejor de ellos mismos.

Llegaron y habitaron juntos con quienes ya vivían en estas tierras como pueblos originarios.

En el invierno de 1638 parecía que todo iba a desmoronarse.

Los pioneros en habitar la tierra fueron también pioneros en sufrimientos, en ver parte de los suyos morir por las inclemencias del clima y no tener los alimentos necesarios para continuar.

En medio del crudo invierno, los Wampanoag, habitantes originarios de estas tierras, se acercaron a los colonos para ayudarles.

Los cobijaron y les dieron alimento durante todo ese invierno.

Al finalizar este, les ayudaron a conocer de la tierra y a sembrar en ella.

También a cazar diferentes tipos de aves, entre ellas varias especies de patos.

Compartieron sus conocimientos, su comida y su amor con aquellos hombres y mujeres que estaban desamparados y recién llegados.

Al terminar la primavera, los colonos tomaron la mejor decisión posible. Invitaron a los Wampanoag a comer con ellos y a dar gracias a Dios por todo lo que les daba y por lo que podían diseñar juntos. Esta es la primera vez que se celebró lo que hoy conocemos como «el día de acción de gracias».

Desde ese momento en adelante hubo todo tipo de encuentros, de desencuentros, de ayudas y de traiciones, pero la nueva nación de «todos uno» estaba comenzando a construirse bajo la cobertura de la acción de gracias.

Juntos compartimos la comida, miramos hacia el futuro y respetamos al otro.

En 1863, nuevamente se marca un modelo a seguir por quien también fue un modelo para las generaciones futuras.

En plena guerra y con el país dividido, el presidente Abraham Lincoln proclama oficialmente el día de acción de gracias como un tiempo destinado a hacer memoria y construir un futuro para todo habitante de la nación.

Cada hombre y mujer que habita en esta tierra hace un alto en sus tareas para agradecer por lo que tiene y el lugar donde habita.

Mientras podían elegir mantenerse pensando en todo lo que estaba mal y en las miserias que les rodeaban, eligieron pensar y generar espacios de agradecimiento.

La familia se junta alrededor de la mesa y eleva su voz con optimismo hacia el futuro, hacia los otros y hacia Dios.

El último jueves de noviembre se instituye como el día de acción de gracias de manera oficial en 1863.

En 1941, en plena batalla de egoísmos y posiciones antagónicas, cuando el mundo estaba cubierto de sangre y el futuro en sombras, el congreso de Estados Unidos hace una nueva declaración y dice que el cuarto jueves del mes de noviembre sería el día de acción de gracias para todo habitante de esta tierra bendita. Sin importar su raza, su color, su procedencia o su cultura.

Otro acto declarativo en general para decir que todos juntos buscamos un país en paz, en crecimiento, yendo hacia el futuro con optimismo y agradecimiento.

Solo habían pasado dos días del terrible suceso de Pearl Harbor.

El pueblo se encontraba sumido en la tristeza y también en el enojo. Muchos querían venganza. Pero el congreso, en vez de estar esgrimiendo batallas lingüísticas viendo cómo hablaban del odio o de la guerra, eligió hablar del agradecimiento.

Solo dos días después declararon este día como un día de unión nacional, de esperanza, de mirar hacia adelante y hacia arriba, de tener el corazón agradecido por quiénes elegían ser. Más allá de las circunstancias. Y mucho más aún. Un parlamento firmaba una declaración nacional del día de acción de gracias como diciendo: «Aunque nos inviten a odiar, preferimos instaurar el agradecimiento como forma de vida».

Hoy invitamos a que este día se convierta en el día del inmigrante feliz, nuevo colono de una nueva tierra.

Si tú eres de los que desean ver a los inmigrantes siendo una posibilidad para su nación, trabajemos juntos para hacer del día de acción de gracias el día del inmigrante feliz.

Mientras más y más personas sepan que somos millones los que deseamos tener un nuevo paradigma y un corazón lleno de agradecimiento, sin importar la situación o la circunstancia, seguramente eso llegará a los gobiernos y veremos cómo las leyes ayudarán y promoverán a los nuevos colonos a vivir, a prepararse, a crecer juntos con los pueblos que ya habitaban en esa tierra.

El día de acción de gracias debe ser también el día en el cual un inmigrante se siente con el otro y coman juntos de los frutos.

Un inmigrante que declare su agradecimiento sin diferencias de razas o color.

Un inmigrante que detenga la marcha de todo el país para elevar sus manos, aun cuando los sanguinarios quieran derrotarnos y los egoístas conquistadores quieran llevar adelante sus tramas.

> **Hoy invitamos a que este día se convierta en el día del inmigrante feliz, nuevo colono de una nueva tierra.**

En 1638, en 1863 y en 1941, el día de acción de gracias fue puesto en alto para decirle al mundo de los egoístas que hay un gran pueblo que elige sembrar el futuro, vivir con manos abiertas y ser nuevos colonos de una tierra que les cobija.

¡Qué cada inmigrante en cada lugar del mundo pueda elegir hoy ser un inmigrante feliz, cambiar de conquistador a colono y hacer de la acción de gracias comunitaria su estandarte de vida!

Entrenémonos para triunfar

1. Comienza a tener la mirada de un colono. Haz tu nueva tierra como propia.
2. Pon tu corazón y tus pies en tu nuevo lugar. De la abundancia del corazón habla la Biblia. Si tus comentarios siguen refiriéndose a tu tierra de origen y no a la problemática de tu nueva tierra, necesitas preguntarte dónde tienes tu corazón.
3. Chequea tu lenguaje y comienza a hablar del futuro y no del pasado.
4. Aprende la lengua del lugar. Acompaña a tus hijos a las actividades.
5. Elige amar las nuevas costumbres como propias y no como ajenas.

Contesta, desarrolla y aplica todas las preguntas del libro, agregándoles cada uno de los comentarios que fuiste haciendo en www.seuninmigrantefeliz.org/foros, y al finalizar envíalo por email a certificado@seuninmigrantefeliz.org y recibirás el Certificado de Participación Completa del Libro *Sé un inmigrante feliz*®, firmado por el autor.[1]

NOTAS

Introducción
1. Juan 3.16.

Capítulo 1
1. Puedes saber más sobre estos pioneros en «William Bradford», *Encyclopaedia Britannica*, http://www.britannica.com/EBchecked/topic/76782/William-Bradford.

Capítulo 2
1. Facundo Cabral (Rodolfo Enrique Cabral), «No soy de aquí ni soy de allá», del disco *Recuerdos de oro* (1970).

Capítulo 5
1. Bob Dolman y Ron Howard, *Un horizonte muy lejano* (Imagine Films Entertainment, Universal Pictures, 1992).
2. Ibíd.
3. Puedes encontrar esta entrevista para verla en www.seuninmigrantefeliz.org/tienesotenes.
4. Puedes leer el primer capítulo de este libro al hacer una búsqueda por *Elige triunfar* en www.amazon.com o al ir directamente a http://www.amazon.com/Elige-triunfar-secretos-mujeres-emprendedoras/dp/1602559376/ref=sr_1_1?s=books&ie=UTF8&qid=1429065753&sr=1-1.
5. Puedes consultar más acerca de cómo entrenarte para ser un inmigrante feliz en www.seuninmigrantefeliz.org/entrenamiento.
6. Para conocer más acerca de nuestros procesos de formación de coaches puedes ingresar a METODOCC, «Formación de Coaches Cristianos», http://www.metodocc.com/campus/course/formacion-de-coaches/.

Capítulo 6
1. Reuters, «Indocumentados solicitan licencia de conducir en California en primer día de trámites», *La Jornada*, 2 enero 2015, http://www.jornada.unam.mx/ultimas/2015/01/02/inmigrantes-indocumentados-hacen-fila-para-obtener-licencia-de-conducir-en-california-9456.html.

2. Univisión, «Nervios y malos hábitos traicionan a inmigrantes para sacar su licencia», 11 marzo 2015, http://noticias.univision.com/video/581874/2015-03-11/edicion-nocturna/videos/nervios-al-volante-traiciona-a-inmigrantes.
3. Para formar parte de estos procesos de entrenamiento ingresa a www.seuninmigrantefeliz.org/entrenamiento.
4. Puedes escribirnos a secretaria@metodocc.com o ingresar a metodocc.com/coachingdevida. Al mencionar el libro te enviaremos un proceso de entrenamiento sin cargo.

Capítulo 7
1. Héctor Teme y Laura Teme, *Logra lo extraordinario* (Miami: Unilit, 2010). Puedes bajar el primer capítulo de este libro en www.metodocc.com/lograloextraordinario.
2. Romanos 12.2.

Capítulo 8
1. Levítico 21.5.
2. Génesis 45.5.

Capítulo 9
1. Para profundizar acerca del concepto de sentarse, lee la entrada de mi blog LiderVision.com, «En vez de seguir corriendo... isiéntate!», http://lidervision.com/portal/blogs/blog-hector-teme/en-vez-de-seguir-corriendo-sientate/.
2. Para conocer más acerca de cómo ser el que fuiste llamado a ser y cómo diseñar una visión poderosa puedes consultar: Héctor Teme y Laura Teme, ***Logra lo extraordinario*** (Miami: Unilit, 2010). También puedes bajar el primer capítulo gratis en www.metodocc.com/campus/product/lograloextraordinario.

Capítulo 10
1. El sitio oficial de la ciudad de Morden es http://www.mordenimmigration.com/.
2. Ver Guillermo Ziegler, «Morden, Manitoba: Una pequeña puerta que se abre en un pequeño pueblo de provincia», 9 abril 2014, http://www.zieglerimmigration-coaching.com/morden-manitoba/.
3. Puedes buscar más información en el sitio de Marquette, Kansas, http://www.freelandks.com/.

Capítulo 11
1. Harris Interactive, «Are You Happy? It May Depend on Age, Race/Ethnicity and Other Factors», Harris Poll #30, 30 mayo 2013, http://www.harrisinteractive.com/NewsRoom/HarrisPolls/tabid/447/ctl/ReadCustom%20Default/mid/1508/ArticleId/1200/Default.aspx.
2. Se refiere a los sucesos acaecidos en diciembre de 1773 en Boston. Durante estos hechos, llamados «El motín del té», se lanzó al mar todo un cargamento de té en señal de protesta de los colonos americanos contra Gran Bretaña. El motín del té se explica con más detenimiento en el capítulo 16.
3. Tim Padgett, «25 Most Influential Hispanics in America: Jorge Ramos», 22 agosto 2005, http://content.time.com/time/specials/packages/article/0,28804,2008201_2008200_2008209,00.html.
4. Paul Taylor y Mark Hugo Lopez, «National Latino Leader? The Job is Open», Pew Research Center Hispanic Trends, 15 noviembre 2010, http://www.pewhispanic.org/2010/11/15/national-latino-leader-the-job-is-open/.

Capítulo 12
1. Hebreos 11.1.

Capítulo 13

1. Josué 1.2.
2. Héctor Teme, *Elige triunfar* (Nashville: Grupo Nelson, 2012).

Capítulo 15

1. Puedes conocer más sobre Sebastian Junger y estos reportajes en TED Talks, «Sebastian Junger: Why Veterans Miss War», enero 2014, http://www.ted.com/talks/sebastian_junger_why_veterans_miss_war.

Capítulo 16

1. Filipenses 4.19.

Capítulo 17

1. Albert Einstein como jefe del Comité de Emergencia de Científicos Atómicos, en un telegrama, 24 mayo 1946; publicado en «Atomic Education Urged by Einstein», *The New York Times*, 25 mayo 1946, p. 13. Para más información ver «Einstein Enigmatic Quote», blog de Icarus Falling, 24 junio 2009, http://icarus-falling.blogspot.ca/2009/06/einstein-enigma.html.
2. William P., «Inmigrantes exitosos: Alejandro Mayorkas», 16 marzo 2010, http://riquezayfuturo.blogspot.com/2010/03/inmigrantes-exitosos-alejandro-mayorkas.html.
3. Ibíd.

Capítulo 18

1. «Salvadoreño exitoso estudia en Harvard», *La Página*, 13 enero 2010, http://www.lapagina.com.sv/inmigrantes/25390/2010/01/13/Salvadoreno-exitoso-estudia-en-Harvard.

Capítulo 20

1. La cita textual de Lewis Carroll viene de un intercambio entre Alicia y el Gato: «—No importa demasiado adónde vaya con tal de llegar a *alguna parte* —se explicó Alicia. —Oh, casi seguro que llegarás a alguna parte si caminas lo suficiente —dijo el Gato» (Lewis Carroll, *Alicia en el país de las maravillas* [Buenos Aires: Colihue, 2009], p. 74).
2. Hechos 1.14.
3. Juan 14.16.
4. Hechos 1.8.

Capítulo 23

1. El Certificado de Participación Completa se enviará en un archivo electrónico.

ACERCA DEL AUTOR

R econocido internacionalmente por más de veinticinco años como conferenciante de gran eficacia, ha dictado exitosos seminarios de liderazgo y de desarrollo personal, a cientos de miles de personas en más de quince países.

Ha sido distinguido por la Ciudad de Miami, por el condado de Miami Dade y por la Junta de Comisionados como Ciudadano Ilustre por su aporte a través de sus libros, conferencias y entrenamientos.

Como escritor, Héctor Teme ha desarrollado conceptos que han ayudado a las vidas de muchas personas, logrando que sus libros sean puentes para asistir a otros a conseguir resultados extraordinarios.

Asimismo es director y representante para Miami de la prestigiosa organización National Latino Evangelical Coalition en donde desarrolla su actividad de servicio a la comunidad.

Artículos y micros radiales del doctor Teme pueden ser encontrados en diversos periódicos y emisoras a lo largo de Latinoamérica.

Teme es el director de la Formación de Coaches Cristianos (FCC), entidad pionera y líder en el establecimiento de Coaches profesionales. También es profesor de Logos Christian University para la carrera de especialización en Coaching.

Es coach certificado y miembro de la Asociación Argentina de Profesionales del Coaching (AAPC) y de la International Coaching Federation (ICF).

Recibió su licenciatura en Teología pastoral del Semisud, un bachelor in Theological Studies de la Vision Christian University y un doctorado en Letras y Humanidades de Logos Christian University.

El doctor Teme es conocido por permanecer a la vanguardia en cuanto a tecnología y considerado uno de los asesores de líderes más pujantes y preparados para lograr máxima productividad en un mínimo de tiempo.

Medios de Contactos:
E-mail: hectorteme@gmail.com,
Twitter: @hectorteme,
Facebook: www.facebook.com/hector.teme

Proclamation

The Miami-Dade County Office of the Mayor and Board of County Commissioners

Whereas: Miami-Dade County values and it is proud of recognizing those prominent citizens in our midst whose vast contributions help increase the level and quality of life of our community; and

Whereas: Dr. Héctor Teme has served God and those in his likeness, providing tangible and spiritual help to the community and working untiringly on the transformation of the thinking process, the achievement of successful procedures and on more responsible citizens; and

Whereas: As a bestselling author, life coach and international speaker, Dr. Teme has influenced and reached more than 300,000 people with his writings, and has led hundreds of influential leaders in helping individuals and families reach new levels in their lives; and

Whereas: Through his articles in magazines, radio and TV shows interviews, and life-coach position, Dr. Teme has assisted men and women reach their objectives, by training them and equipping them with skills through one-on-one and group sessions, courses and classes; and

Whereas: Dr. Teme makes this community proud, therefore it is fitting for Miami-Dade County to pay tribute to this noble citizen for his constant support and service for the good of our community;

Now Therefore: **BE IT RESOLVED, THAT I, CARLOS A. GIMENEZ, MAYOR OF MIAMI-DADE COUNTY, CHAIRWOMAN REBECA SOSA AND THE MEMBERS OF THE BOARD OF COUNTY COMMISSIONERS, ON BEHALF OF MIAMI-DADE COUNTY AND THIS COMMUNITY,** do hereby proclaim, Saturday, September 13, 2014, as

Dr. Héctor Teme Day

In Observance Thereof: I call upon the good people of Miami-Dade County to join me in applauding Dr. Héctor Teme, wishing him the absolute best in all that he strives to achieve in the future.

_____
Bruno A. Barreiro
Commissioner
District 5

_____
Rebeca Sosa
Chairwoman

_____
Carlos A. Gimenez
Mayor

LA CIUDAD DE MIAMI

Proclamación

POR CUANTO: La Ciudad de Miami valora y se enorgullece en reconocer a nuestros ciudadanos prominentes cuyas contribuciones sirven para elevar los niveles y la calidad de vida de nuestra comunidad; y

POR CUANTO: El Dr. Héctor Teme, ha servido a Dios y a sus semejantes, proveyendo ayuda material y espiritual a la comunidad y trabajando incansablemente en la transformación de la manera de pensar, del logro de una gestión más efectiva y de ciudadanos más responsables con su Nación y Ciudad; y

POR CUANTO: El escritor de "best sellers", Coach y Conferencista internacional, Dr. Héctor Teme, ha impactado y alcanzado más de trescientas mil personas en los últimos años con sus obras, y que ha liderado a cientos de líderes influyentes en nuevos modelos de gestión y lenguaje generativo ayudando a individuos y familias a elevar su nivel social, comunitario y personal; y

POR CUANTO: El Dr. Héctor Teme, se ha distinguido como un prolífico escritor que ha influenciado a través de sus escritos publicados por prestigiosas editoriales, siendo alguno de sus "best sellers" sus libros *Logra lo Extraordinario, Otra Oportunidad, Aprenda a Ser un Grande, Elige Triunfar*, entre otros; y

POR CUANTO: El Dr. Héctor Teme, ha extendido su brazo solidario a través de sus artículos en revistas especializadas, programas de Radio y Televisión, notas y entrevistas, y desde su posición de Coach de vida, Director de Método CC, ha liderado a miles de hombres y mujeres ayudándoles a alcanzar sus objetivos, entrenándoles y capacitándoles a través de sesiones personales y grupales, cursos y clases magistrales; y

POR CUANTO: Es justo y apropiado que esta comunidad y este gobierno nos unamos para rendir tributo a este noble ciudadano por su constante apoyo al servicio del bienestar de nuestra comunidad, que vive para servir generosamente a sus semejantes:

POR TANTO: Yo, Tomás P. Regalado, Alcalde de la Ciudad de Miami, Florida, por este medio, hoy, en honor de su Obra y Vida, proclamo el día sábado, 13 de septiembre de 2014 como el

Día de Dr. Héctor Teme

EN CUMPLIMIENTO DE LO CUAL: Exhorto a la ciudadanía a que juntos celebremos esta fecha tan significativa.

EN TESTIMONIO DE LO CUAL: Suscribo la presente y hago que se le fije el sello de la Ciudad de Miami, Florida.

DADO: En la alcaldía de la Ciudad de Miami, Florida.

13 de septiembre de 2014

Tomás P. Regalado, Alcalde